那时的大学

——大师们的求学记忆 (1912—1937)

张宁芳 著

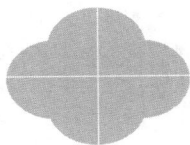

上海交通大学出版社
SHANGHAI JIAO TONG UNIVERSITY PRESS

内容提要

　　本书以轻松幽默的文字,描绘民国学生的大学考试、衣食住行、学习生活、校园文化和毕业故事等,通过胡适、费孝通、潘光旦、陈岱孙、赵元任、茅盾、冰心、钱锺书、季羡林等知名学者对求学经历的记述和回忆,并利用民国报刊、口述资料、学校档案等材料,重现民国时期大学的优良学风和多姿多彩的校园生活,反映民国时期知名大学在教育管理方面的经验,生动展现了民国高等教育的一个侧面,可以为今天的教育工作者以及对民国历史感兴趣的读者提供参考。

图书在版编目(CIP)数据

　　那时的大学:大师们的求学记忆:1912—1937/ 张宁芳著.—上海:上海交通大学出版社,2021.8
　　ISBN 978 - 7 - 313 - 24718 - 6

　　Ⅰ.①那… Ⅱ.①张… Ⅲ.①高等教育-教育史-中国-1912—1937 Ⅳ.①G649.29

　　中国版本图书馆 CIP 数据核字(2021)第 021400 号

那时的大学
——大师们的求学记忆(1912—1937)
NASHI DE DAXUE——DASHIMEN DE QIUXUE JIYI(1912—1937)

著　　者:	张宁芳			
出版发行:	上海交通大学出版社	地　　址:	上海市番禺路 951 号
邮政编码:	200030	电　　话:	021 - 64071208
印　　制:	苏州市越洋印刷有限公司	经　　销:	全国新华书店
开　　本:	880 mm×1230 mm　1/32	印　　张:	7.5
字　　数:	124 千字		
版　　次:	2021 年 8 月第 1 版	印　　次:	2021 年 8 月第 1 次印刷
书　　号:	ISBN 978 - 7 - 313 - 24718 - 6		
定　　价:	68.00 元		

前　言

　　翻读近现代历史人物的材料,其中特别吸引我的就是人物传记和口述历史部分。念书时候曾经整个下午趴在图书馆,伴着冬日暖阳,安安静静地翻《传记文学》,通过一段段文字走进那些名人的内心世界。那是一种别样的体验,既心怀对他们的仰慕,又仿佛听到他们的声音在耳畔娓娓道来。这也是研究近现代人物的一种别样收获,可以读到人物更生动更鲜活的一面,而人物传记的背后也要感谢学者的独具慧眼。著名语言学家赵元任先生的夫人杨步伟在其个人回忆作品《一个女人的自传》中有过这样的交代:他们夫妇的好友胡适先生有次提起,赵元任记的日记多年不断,可以借此写回忆录。赵元任摆手表示这事费时费力,胡适转而去说服杨步伟写回忆录。没想到,这对夫妇的回忆录先后都整理出来了,而倡议者胡适的《四十自述》却虎头蛇尾了。这难免让胡适的粉丝感到遗憾,不过也正是他的这份独到眼光和好人缘,让他的朋友们纷纷捧场,为今天的我们提供了不少珍贵资料。

"传记文学"丛书陆续整理出版了一批近现代著名人物的自传、回忆及口述材料,风格不一,有的文字生动活泼,有的叙述严谨规整,正如同传主本人的个性。我们能读到赵元任夫妇、萧公权等的自述,也有友人对于闻一多、林语堂、郁达夫等名家的追忆。

通过阅读他们的回忆,我们慢慢走进他们的人生,对于他们来说,年少求学的时光无疑是一段色彩斑斓的记忆。他们大多成长于清末民初,那是一个剧烈变动的年代,从帝制时代走向民主共和的中国,在国家的政治体制、社会生活、思想观念等方面经历了曲折的改变。新旧思想的碰撞,大家族的变迁,个人生活的选择,这些既是一个时代的烙印,也在个人生活中留下了深刻的印记。在本书中我也把论述的范围主要框定在了民国前期,即 1912—1937 年这个时期。一方面,在这一时期新旧冲突与融合交织成一幅生动的画卷;另一方面,这一时期也是以往相对关注度比较小的阶段,但这种思想观念与制度潜移默化的变迁,以及对生活于那个时代的人们思想的影响一直吸引着我的关注。

书中选取的人物无疑是那一代青年中的优秀代表,他们的故事也能带给今天的我们同样的情感共鸣与思考。无论是求学考学路上的艰辛,远赴重洋的不舍与孤独,还是享受大学时光的自由,沉迷图书馆的乐趣和运动场上的挥洒汗水。伴随一代代青年成长成熟的大学校园永远是他们心中最温暖的角落,那里有大师指引他们人生方向,那里有同学畅谈未来希望,那里还有知识的海洋和营养的加油站。多年以后,回忆起学校的时光,大学校园依然是大师们理想中的天堂。

读到他们的回忆有时也会让我们会心一笑,今天仍然让大家津津乐道的北大清华的差异,原来也是一种传统的延续。自由甚至于散漫的北大,勤奋努力拼搏向上的清华,大学的风格是多元的,而这些传统在一代代学子中间薪火相传,延续下来。大学也是包容的,大学之大,非有大楼之谓也,乃有大师之谓也。大师们具有独特的人格魅力,他们争辩、他们坚守,他们在三尺讲台间肩负起传承知识、传播文化、传递信念的使命,他们以一支支红烛的光芒,点燃学子的心灵之光,为他们的成长之路指引方向,照亮前途。

读这些大师们的回忆,常常让我有种莫名的感动,也希望用自己的文字把这份精神的力量传递给读者。

目　录

大学指南篇：
大师们的考学回忆

　　鸦片战争叩开了古老中华的大门，戊戌变法推动了国人近代化的步伐，尽管后来变法的举措大多随着戊戌变法的流产而付诸东流，但有一项意义重大而影响深远的改革措施得以保留下来，那就是"京师大学堂"的建立。京师大学堂是今天北京大学的前身，而它的建立也拉开了近代中国高等教育转型的序幕，标志着我国从传统的科举取士制度向近代分科设系的高等教育的重大转变。

　　随着新式高等教育在我国的逐步推广，涌现出了一批国立、私立和教会学校，开始了文、理、农、医、工专业分科的高等教育。伴随这一过程，我国也经历了教育制度、教育理念等方面的深刻改变，对于晚清民国时期的普通人来说，"大学堂"这样的新鲜事物有不少让人感到陌生的地方。对那时的青年来说，为了求新知、求真理，探寻国家前途命运，不少人克服种种现实的困难，选择升入大学继续深造。他们的经历充满了多样性，在摸索中也留下了关于大学时光难忘而独特的记忆。

　　对于那些当时十几岁的青年来说,不论是学校和专业的选择,还是大学留给他们的第一印象,都会带给今天的我们似曾相识的共鸣。胡适、蒋梦麟、马寅初、钱伟长、李济、何炳棣等一批知名学者、教育家、科学家年轻时候的故事,将给今天的读者带来诸多启发和思考。

大师们的"高考"故事：
择校、赶考与金榜题名

　　高考是莘莘学子求学生涯中一段难忘的时光,伴着书桌前的苦读,赶考路上的辛苦,等待发榜时刻的焦虑。翻翻民国大师们的回忆,会发现他们也在"高考"时发生了不少有趣而难忘的故事,让人读起来忍俊不禁。

他们如何选择大学?

　　不同于现在统一时间、统一命题的高考形式,民国时期大学招考在相当长的时段中(1912—1937 年)都是各校自主命题、自主招生的。1938 年,教育部设立全国统一招生委员会,进行全国统一高考。然而这一统一考试仅实行 3 年,就因抗日战争的影响而被迫中断了。

　　在自主招生的年代,各大学根据自身情况,独立组织招生、命题和录取等工作;对于学生来说,考大学的首要任务就是选定目标学校。

　　民国时的大学,有公立(国立、省立等)、私立和教会办学等,知名的国立大学有清华大学、北京大学等;私立大学中闻名的有南开大学；教会大学中有颇负盛名的燕京大学、圣约翰大学。对于中学毕业后立志升学的学子们来说，提前做好功课，研究各校的招生条件和考试时间就很重要。

一般来说，各大学会在报纸上刊登招生广告，如当时发行量很大的报纸《申报》的广告栏上就登有上海及南京的大学或高等学校招生的广告。作家茅盾回忆，当时他母亲订阅了《申报》，上面登载着北京大学在上海招考预科一年级新生的广告。1913年夏天，北京大学由京师大学堂改名后第一次招收预科生，而且当年第一次到上海来招生，这对于长江以南各省想考北京大学的中学毕业生，着实是一大方便。当年茅盾只有17岁，独自出远门求学让人有些不放心，他母亲考虑到家里表叔在北京财政部工作，儿子去北京读书也好有个照应，便让茅盾去报考北京大学。①

各校独立招生，招考时间不同，考期一般会错开，为了增加考上大学的概率，许多考生选择多校投考。著名经济学家陈岱孙回忆，立志升学的他在考前做足了功课：翻阅了当时差不多所有全国有名气的高等院校的章程和招生简章，选定了北京的清华学校、北京大学，南京的金陵大学，苏州的东吴大学，上海的圣约翰大学、沪江大学等作为投考的对象。② 他

① 李子迟：《上学记》，济南出版社，2010，第23页。
② 陈岱孙：《往事偶记》，商务印书馆，2016，第41页。

选择学校主要从学校的声望来考虑，在他选择的学校中就涵盖了国立、私立和教会学校。

北京、南京、上海等大城市里大学相对集中，也是考生赶考的主要目的地。据季羡林回忆，当时的北平有十几所大学，还有若干所专科学校。到北平来赶考的学子，总共有六七千或者八九千人。考生心目中列在大学榜首的当然是北大和清华，当时全国到北平的学子几乎没有不报考这两所大学的。即使自知庸陋，也无不想侥幸一试，毕竟这是"一登龙门，身价十倍"的事。但是，两校录取的人数毕竟是有限的，在五六千名报名的学子中，清华录取了约两百人，北大不及其半。

幸运的是，季羡林当年被北大、清华同时录取了，两所学校都是名校，究竟该如何取舍呢？"北大老、师大穷，惟有清华可通融！"据说这是北平每一位学生所熟知的话，也显示出同为名校的北大、清华等学校风格的差异。

北大前身为京师大学堂，它是戊戌变法的产物，也是近代高等教育的开始。初期学校的监督及以后的校长，均为当时官僚充任或兼任，不少学生也把进大学堂念书看作仕途晋升的捷径，因此学生中也多有官僚气和暮气。

而清华的背景则相当不同，清华的前身是留美预备学堂，当时美国出于种种考虑，退还清政府一部分"庚子赔款"，指明用于发展中国的教育事业,于是才建有这所学堂,专门培养青年到海外留学。晚清时候,不少保守官僚家庭对于送自家子弟出国留洋尚有一丝顾虑,担心受到所谓西方思想熏陶的青年回来成了"剪辫子"的革命党。而随着民国建立,社会风气逐渐转变,政界、学界、工商业界渴望一批有新知识、新理念的青年来服务和建设,于是早年那批青年学生留美若干年回国后多为大学教授、科学家、工程师等专业人士,有的还做了大官。在这样的情况下,出国留洋成为不少青年向往的目标,清华也变得相当热门。

季羡林同当时众多的青年一样,也想出国学习,因为他看到出国"镀金"以后方便回来抢到一只稳稳当当的"饭碗"。于是,被北大和清华同时录取的他,在权衡利弊后,选择了更容易出国的清华。①

除了这些国立名校,几所教会大学也颇为抢手。如北平的燕京大学、上海的圣约翰大学等,这些学校历史较久且设施完善、校园环境优美。学校主要采用英文授课的教学方式,对于学生的英文训练很有助益,他们毕业后无论出国留洋还是谋职都更为便利,因此这类学校也颇受一些沿海地区学生家

① 冯友兰、胡适、朱光潜等:《那时的大学》,国际文化传播公司,2015,第23—24页。

庭的欢迎。不过，这些学校往往收费不菲，一年一两百大洋的学费，对于普通人家可不是一笔小数目，因此一般老百姓家的学生是不敢轻叩其门的。语言学家周有光回忆，当时他曾同时考取上海圣约翰大学和南京东南高等师范学校。由于圣约翰大学费用昂贵（一个学期就要 200 多银圆），他考虑家庭实际情况，已准备放弃而转去南京求学。结果她姐姐同事听闻这情况，劝说她姐姐："考圣约翰大学比考状元还难，你弟弟考进圣约翰大学又不进，太可惜了。"最后借钱给他上了圣约翰。[①]

当时上大学的学费、生活费对于一般家庭来说是一笔相当昂贵的开支，囊中羞涩的学子们如果想继续升学还有什么法子呢？其中一个就是入师范学校读书，有些师范学校不仅能免除学费，还解决学生食宿，也不失为清贫学生的一条升学之路。

辛苦的"赶考路"

确定了投考学校，就要按照学校的招考时间和条件去赶考。虽然民国不像古代考科举那么辛苦，不过就当时的交通

---

① 周有光：《超越百年的人生智慧：周有光自述》，人民日报出版社，2014，第 19 页。

条件来说,赶考也是件折腾人的"体力活"。

语言学家赵元任刚开始在南京的江南高等学堂读书,他家住在常州,南京与常州两地虽不远,但他第一次去南京时,从家到南京就得水陆换乘,整个行程颇为周折。他先是乘小火轮东行至苏州,然后换乘较大轮船到上海,在旅馆住一夜,最后再换乘扬子江大轮船前往南京。

因为大多数学校除了在学校所在地设考场之外,还会在上海、北平这样交通方便的大城市设考点,对于大多数非本省赶考的学生来说,赶考路就需要跨省,显得更为漫长了。当时季羡林从老家山东到北平投考学校,他记得到北平赶考的学子,几乎全国各省的都有,连僻远的云南和贵州也不例外。北大早年毕业生杨亮功(后为知名教育学家)回忆,他从省立第二中学毕业后,便计划北上作升学准备。由于他是初次出远门,父亲伴他由乡间到县城。他们与同行赶考的 4 位同学搭伴,一路由巢县搭小轮,经芜湖,乘大轮,到南京,转津浦铁路北上。路上大家相互照料,减少了很多旅途上的困难。而对他来说,有个曾进京参加过殿试的父亲对于沿途情形给予指示,也是相当幸运的。

在考期安排方面,为了方便考生应考,各校会尽量地错开。一个考生也尽量地参加不同学校的入学考试,增加被录取的机会。在到北平投考的考生中，一个人同时报考六七所大学的不在少数。陈岱孙本人在 1918 年春投考时，就依照所选择几所学校考期的先后，为自己排出一张应考表。其中清华考试时间较早，陈岱孙从老家福州赶到上海参加的第一场就是清华的考试，而其他大学的入学考试都晚至七八月才举行，他也只好做第二次、第三次来沪的准备。

每个大学不仅考期安排不同，考试场次也不同。热门的如北大和清华当然只考一次。但有的大学，比如朝阳大学，据季羡林回忆，一个暑假就招生四五次。"每年暑假，朝阳大学总是一马当先，先天下之招而招。第一次录取极严，只有极少数人能及格；以后在众多大学考试的空隙中再招考几次；最后则在所有的大学都考完后，后天下之招而招，几乎是一网打尽了。"①季羡林评论，这种做法主要是出于经济考虑。因为考试报名费为每人三元大洋，这在当时是个不菲的数目，等于一个人半个月的生活费。替各位考生来算笔经济账，参加一次考试的报名费、路费，再加上食宿等等的各项开销，花费还真是不菲。

考场上的"拼搏"

即使有勇气报考那些声名在外的名校，要想考进去却不

---

① 　季羡林：《清华园日记》，青岛出版社，2015，第 200 页。

是件容易的事。要筛选淘汰学生,各校在招生考试上可是严格把关。

周有光回忆他参加的圣约翰大学考试一共要考 6 天,考试时间是上午 9—12 点,下午 1—4 点,一天 6 个小时,笔不停挥,题目多得连打稿子的时间都没有。而且 6 天当中只有一天用中文,其他都是用英文书写。

茅盾回忆他当年参加北大预科的考试分两天,都在上午。第一个上午考国文,不是作一篇论文,而是答几个问题,这些问题是中国的文学、学术的源流和发展。第二个上午考英文,考题是造句、填空(即一句英语,中空数字,看你填的字是否合格,合格了也还有用字更恰当与更优美之别)、改错(即一句中故意有错字,看你是否能改正,或改得更好)、中译英、英译中。最后还有简单的口试。这样看起来,北大的考试称得上是中规中矩,重点在于考察学生的基本功。

清华毕业生刘曾复回忆,当时报清华的人很多,淘汰率很高,平均 2 000 人报名也就取 200 人。要准备清华的考试就相当不容易,因为清华的考试是全面考查的,国文、数学、英文、物理、化学、生物、历史、地理等科目都考,一共 9 门。为了应付这种全科型的考试,在家闭门复习一年半载的考生也不在少数。那么当年试题的难度如何呢? 让我们一起来看看 1933

年清华入学考试的那份试题吧。

本国历史地理

填空题：中国最大之米市在＿＿＿＿＿＿；最大之渔场在＿＿＿＿＿＿；陶业最盛之地在＿＿＿＿＿＿；产大豆最多之地为＿＿＿＿＿＿；产石油最富之地为＿＿＿＿＿＿；贸易额最多之商埠为＿＿＿＿＿＿。

世界历史地理

填空题：欧战的结果为＿＿＿＿＿＿国破裂，＿＿＿＿＿＿国、＿＿＿＿＿＿国疆土削减，＿＿＿＿＿＿、＿＿＿＿＿＿、＿＿＿＿＿＿等国新兴。

高中物理

解答题：一飞机距地面 1 000 呎（foot），其速率为每小时 100 哩（mile），正对某阵地水平飞行，设欲炸毁该阵地，问飞机应飞至何处，将炸弹掷下始能有效？并绘图说明之。

高中代数解析几何

解答题：若数种二次曲面系由直线移动而成，试列举其名。

高中生物

解答题：试述孟德尔氏之遗传定律并举例说明之。

高中化学

解答题：试述冶金法之普通原理。

英文

作文题：Retell in English an incident from the *San Kuo Chih* (About 150 words).

要求考生用大约 150 个单词的英文短文复述《三国志》中任意一个片段。

这些试题看起来难度或许不是很高，但要考察的知识却不少，数学、外语、物理、化学、历史、地理，一样都不能少。而且清华的出题比较注重灵活性，考查学生对知识的活学活用，一般押题还是很困难的。清华毕业生郑林庆（后为机械设计专家）回忆 1936 年他参加的入学考试，其中数学、地理题让他记忆尤深。数学考试有这样一道题：一条铁路有 20 个车站，铁路局印车票的时候，一共要印多少种车票？解答这个排列组合的题目既要理解概念，也需要动脑筋，这正是出题者的用意。这样的考题，抱着三本统一的《入学指南》死背的考生就应付不来了，因为它在知识之外还考逻辑思维。

清华入学考试中最出名的一道试题大概就是 1932 年的国文题了。那次的作文题是《梦游清华园记》，这个题目很自由，你可以没有做梦，也可以真的做了梦，愿意怎么做就怎么做；也可以说自己的志向；还可以给学校提要求，如你理想中的学校是怎样的，怎么写都可以。对于这个作文题，曾经同时报考清华、北大的季羡林有过这样的比较："那一年，北大出的国文作文题是'何谓科学方法，试分析详论之'。两校对照，差别昭然。……我认为北大是深厚凝重，清华是清新俊逸。"①

1932 年清华国文考试另外出的题目是对对子题，这在后来引起不小风波，且被人们不断演绎。当时的两个对子一个是"孙行者"，一个是"少小离家老大回"，题目是陈寅恪出的。当时陈寅恪受国文系主任刘文典委托来命题，他在查阅清华以前的试题后，认为国文考试中对对子这样的形式还未有过，便出了上述试题。

未曾料想，这道试题竟成了一时热点。清华的考试原本就备受社会舆论关注，而在当时提倡新文化的大背景下，有些人就反对陈寅恪这个做法，认为当时已经开始作新诗了，干吗还要对对子。为此，陈寅恪还专门写文章出来解释过，他认为"对对子"最能表现中国文字特点，考题中出对子，能测验考生四方面的素质：词类之分辨；四声之了解，如平仄之求其和

① 季羡林：《清新俊逸清华园》，《光明日报》2001 年 3 月 23 日。

谐;生字 Vocabulary 及读书多少;思想如何。

那么,这道大师出的"难题",当年参加考试的考生们答得如何呢?据参加考试的刘曾复(后为生理学家)回忆,和他一起参加考试的段学复(后为知名数学家)是学数学的,对的是"祖冲之",还有一个他师大附中的同学朱宝复(后为水利工程专家),对的是"胡适之",而他自己对的是"韩退之"。这道题出得让他颇为欣赏,因为懂得对对子、懂得平仄是作诗的基本训练,而且考题也挺有思想性。

对于"孙行者"这道考题,出题人陈寅恪心中最满意的答案究竟是什么呢?这一点也是众说纷纭。在他给刘文典的信中,陈寅恪曾说,一年级新生,对孙行者最佳者,当推"王引之"。因王为姓氏,且"王父"即"祖父"之解,恰与"孙"字对,引字较祖冲之"冲"字为佳。而"少小离家老大回"则未见有很满意的答案,如"匆忙入校从容出"只能算差可[1]。不过若干年后,陈寅恪回忆此事,却说他以"孙行者"出题,希望应试者回答的是"胡适之"。拿人名向胡适这位新文化运动健将开个玩笑,可能也真是一时的狡猾。不过猜中他心思的学生倒也不少,这些当然都是后话了。

---

[1] 陈寅恪:《陈寅恪集》,生活·读书·新知三联书店,2009,第448页。

金榜题名的"幸运儿"

经过辛苦的备考赶考这番折腾，最重要的时刻就是揭榜时分了。等发榜的日子让人心焦，好在学校评卷效率还是很高的。6月中旬参加清华考试的陈岱孙7月初就得到清华的录取通知及全部录取名单。幸运考上的他也省却了之后继续考试的麻烦。

当时清华、北大这样的学校发榜是件非常隆重的事，录取名单会公布在报纸上，翘首以盼的考生便赶紧去查自己的名字。考上的学生自然欢天喜地去庆祝，考不上的可能就要等来年了，那样的场面真可谓"几家欢喜几家愁"。清华机械系毕业生白家祉清楚记得，当年他投考清华第一届"清寒公费生"，发榜时名单中包括公费生十名，而当时名单中没有他的名字。到了晚上，邮差送来薄薄的一封信，通知他考取了"备取第四名"。备取的意思相当于候补，他解释说，这说明他的成绩还在公费生录取线之内。但备取必须前面有人退出才能依次递补上，清华这样的热门学校自然少有机会，当年他也没能被录取。没考取的心情自然相当难受，好在他用功复习，第二年成功被录取了。

报考了北大的茅盾回家后，天天留心看《申报》，因为录取名单将在《申报》广告栏刊登。等了约一个月,录取名单果然刊登出来了,可是仔细一看,登出的名字却是"沈德鸣"。茅盾考学时用的名字是"沈德鸿",家里猜想鸿、鸣两字字形相近,大约是弄错了。幸而不久,学校来了通知,这才知道他考上了北京大学预科第一类。

当年考上大学在地方上也是光耀门楣的第一大事,如果考取的是清华、北大这样的学校,更是如同旧时代点了翰林,旁人的眼光都高看一等。而对学子们来说,迈入各自的大学,迎接他们的,将是有别于中学时代的一个新世界,他们在大学里求知识、交朋友、开眼界;他们的大学时光有的充实忙碌,有的自得其乐,而这些都成为多少年后弥足珍贵的难忘回忆。

初登学术殿堂：大师的大学初印象

中学时我们常常会憧憬大学的模样，那里有优美的校园环境、丰富的校园生活、宽阔的跑道、漂亮的教学楼，还有自由自在而不受管束的生活。带着这些梦想迈入大学校门的时候，映入眼中的景象是不是想象中的样子呢？

为了帮助学生提前了解大学生活，现在的大学也想出了五花八门的招数：举办"大学开放日"，让学长学姐带着你逛校园、吃食堂、参观图书馆；录取通知书设计成了学校经典建筑的模样，一打开通知书，学校代表性建筑的样子便映入眼帘；有些学校还贴心地附上校园生活指引手册，内含丰富的社团介绍、贴心的选课指导，带你提前感知大学生活。计划留学海外的学生还可以报名参加游学团，提前去实地感受名校风采。

不过，过去的学生大概难得有这份幸运。到大学报到或许是他们生平第一次离开家，来到陌生的环境。他们的大学初印象是怎样的？是充满惊喜还是略有失望？每个人或许都有不同的答案。

那些"天堂"般的回忆

1920年,李济(后为知名人类学家)进入哈佛大学,开始攻读人类学学位。初登哈佛的他是怎样的心情?他打了这样一个比方:没有出国以前,他曾登过一次泰山,也游过一次西湖。震于哈佛的名声,当他决定从乌斯特到哈佛去的时候,预期着一种登泰山的滋味。那是一种情绪上的激动,对于哈佛的期望,有点近乎宗教式的崇拜。当他搭乘火车,从乌斯特到达波士顿(哈佛大学所在地)的时候,好像经历了一次哲学家讲的"顿觉",达到一种似乎不能到达的境界。①

面对那些鼎鼎有名的学校,我们或许都曾怀有这样"朝圣"的心理。幸运的是,有些人确实找到了他们理想中的"学术圣殿"。

何炳棣曾这样深情描述过他的清华求学时光:如果我今生曾进过"天堂",那"天堂"只可能是 1934—1937 年的清华园。天堂不但必须具有优美的自然环境和充裕的物质资源,而且还须能供给一个精神环境,使寄居者能持续地提升他的自律意志和对前程的信心。在何炳棣看来,他最好的年华是

---

① 李济:《我在美国的大学生活》,载《胡适选专业——大师们的大学生活》,辽宁教育出版社,2006,第 179 页。

在清华这人间"伊甸园"里度过的。

清华当时直接隶属于外交部，费用一向充裕，拥有大礼堂、图书馆、体育馆和科学馆这四大建筑的清华园以环境优美、设施完备而著称。今天有机会到清华园里走一走，漫步于曾经的皇家园林，绿荫掩映，优雅的西式建筑点缀其间，却并不显得突兀。在荷塘边漫步，欣赏水木清华之地的静谧，到草坪前留影，看日晷上的时光流转。清华园确实是个读书的好地方。

作为新生步入清华园的何炳棣也为环境陶醉：空旷草坪的北面屹立着古罗马万神殿式的大礼堂，无论是它那古希腊爱奥尼亚式的四大石柱，古罗马式青铜铸成的圆顶，还是建筑整体和各部分的几何形状、线条、相叠和突出的层面、三角、拱门等的设计，以及雪白大理石和浅红色砖瓦的配合，无一不给人以庄严、肃穆、简单、对称、色调和谐的多维美感。此后，何炳棣曾拜访过其他经典建筑，但也许是感情作祟，清华大礼堂一直是他心目中中国最美的古典西式建筑。

感于校园之美的学子并不在少数，曾经与清华比邻而居的燕大校园也坐落于一座旧王府。在当年求学燕园的学子记忆中，燕园也是一番如画风景：燕园内有一个湖（即为今天北大校园内著名景点"未名湖"），湖中养了些小鱼，有一些水草，夏秋水盛,望去颇有"烟波浩渺"之感,湖中有一个圆形半岛,岛上有亭,亭边种了很多枫树,秋天可以看红叶。燕大校园远山近水,风景明秀,得江山之助,也催生了全校浓厚的文艺气息,春秋佳日,在湖滨岛上临流赋诗、步月行吟的,不仅有中文系同学,还有不少古典文学爱好者。

对于母校名声的自豪感

校园之美让人心动,校园名声的响亮,更能使你骄傲地说出母校的名字。曾经的北洋大学就拥有这份骄傲,北洋校歌开首便有:"花堤蔼蔼,北运滔滔,巍巍学府北洋高。"不过北洋也确实担当得起这份骄傲。创办于1895年10月的北洋大学是近代中国自办的公立大学,在中国高等教育史上占有特殊的一席之地。北洋初设有工程、矿务、机械和律例(法律)四个学门,参照美国的办学模式,初期学校教师大部分是美国人。

地处天津城郊的北洋大学交通不便,洋教授们到市里办完事后总要叫人力车回去。当他们来到大胡同或金钢桥,对着人力车夫说上一句并不标准的中文"白羊大鞋",车夫保准会准确无误地将他们送到校门口。水利专家张含英当年考学的时候向在北京读书的同学请教:在全中国,哪个大学最好?他同学马上推荐了天津的北洋大学。有着这样一份认可,自然会对母校升起一份油然而生的自豪感。

北大人也享受着学校声誉带来的这份荣耀，"在北平，谁都知道'顶老'的大学是在北河沿，从前门车站雇洋车连拉人带铺盖卷，只要说上一声上汉花园（当时北大第一学部所在地），没有一个洋车夫不知道他应该拉到哪儿歇腿的"。

清华的名气则跟它的背景分不开。朱自清读书时候曾听过一回北大和清华学生的英语辩论，清华学生英语的流利，北大学生那种"furiously"的神奇，让他印象深刻。他初到清华园时，正值冬末春初，在室内，清华学生只穿单大褂，出门却套上厚厚的皮大氅，这种"行"和"衣"的路数，在他眼中却自然而然地"透着一股标劲儿"。

"声名在外"的想象与初印象的落差

不过，也有学子来到了梦想中的大学却感到失落。比如，虽然北大顶着这中国"顶老"大学的帽子，来到北大的人却或多或少会有些失落，因为"罗曼蒂克"的幻想与现实的北大常常相距甚远。还在上海时的柳存仁（后为知名学者）接到北大友人的来信，信上最后一段描述了他在北大的生活："我所住的西斋，环境非常幽静。窗外种植有几株丁香，开着浅紫色一球球的朵子，又香又美。听人家说，汉花园那边的丁香,这两天开得更是茂盛,老是想去瞧瞧,可惜总没有空工夫。"

信中的情趣令人心醉,柳存仁脑海中北大的幻影便慢慢长大了,除了西斋之外,还有汉花园、译学馆、东斋、五斋……又有清香袭人的丁香,又有积水没胫的阶石,又有古树交映青苔满目的宿舍……

而当他不久后真正来到北大"朝圣"时,那个丁香的梦几乎全被砸碎了。"与广州的岭南大学,武昌的武汉大学,或杭州的之江大学比起来,汉花园——北京大学第一院(文法学院)给你第一印象的打击,将是怎样的残酷、无情和冷淡。汉花园的建筑,外表是坚实的,不过也渗染着一种风吹雨打Weather beaten的色彩,很容易叫你引起和陋旧、保守、陈腐,甚至于龌龊……相像的观念。那一块棕黑色硬木白字直书的长条匾额:'国立北京大学第一院',字迹很是黯淡,好像同仁堂乐家老药铺的仿单一样,外行的人绝难认识明白。"①

北大的"老"不仅体现在破旧的校舍上,似乎这里的空气都可以叫你变老。跟北大的学生相比,清华的学生看起来年

---

① 柳存仁:《汉花园的冷静》,载陈平原、夏晓虹编《北大旧事》,北京大学出版社,2009,第 276 页。

轻得出奇，尽管穿的是蓝布大褂，但干干净净烫得笔挺，一张张红润的笑脸上绝不见北大人"老气横秋"的面孔。走进北大红楼，一些穿着长衫、无所事事的工友在两旁垂手一站，马上让你想到京师大学堂时"请大人立正"的威风。

北大同学之间似乎也有着一种隔膜。同坐一堂，摩肩碰肘，却很少交谈，甚至相视而笑的情况也很少。常有这样的情况：学生们一个学期上课常常在一起，其中哪些是选课的，哪些是旁听的，不知道；哪些是本校的，哪些不是，也不知道。北大人之间的"冷"还不止在课堂上，同宿舍同学也很少交谈，常常是自己躲进小楼成一统。在宿舍里，每人一桌、一榻、一凳、半个书架。屋子里常常纵横交错像演话剧似的挂了许多长长短短高高低低的白布幔，将屋子隔成一小块一小块的单位，表示北大人一入校就染上了"个别发展"的气味了。

虽然有种种失落的感觉，但一旦习惯了北大的空气，恐怕你会慢慢爱上它的"内美"。那是一种自由，教授们既不会来查你缺堂，也不会指定你很多作业，有些老师本身也不太把那些当一回事，但他们会给你指引，鼓励你去图书馆，动手动脚找材料，并享受独立思考的乐趣。同学间的联系或许是松散的，但这并不妨碍志同道合的人走到一起讨论争辩，哪怕意见不一样，依然可以在面红耳赤大声辩论后做朋友。

独特的迎新仪式：给新人的一记"杀威棒"

新生进入一个陌生的新环境，得师长同乡的关心指点是很幸运的，了解上哪里买课本、听学长们私底下品评各任老师、讨论怎么应付考试，这些实用的指南常常能让新生少走很多自己摸索会走的弯路。

不过有些学校的老生们对新生的"欢迎仪式"就不那么友好了，甚至有些戏谑的味道。最出名的要数流传在清华学生之间的"拖尸"了。

"拖尸"是英语 Toss 的音译，大约是一种由美国学校传来的把新生扔到水里去的一种恶作剧，含有对新生施以"下马威"的意思。今天有些欧美大学还保留有类似的活动，也有一些"兄弟会"组织爱玩这类恶搞的把戏，算是一种特别的欢迎式，通过"考验"的学生就能正式被组织认可了。在当时比较西化的学校，比如燕京大学，也有类似的欢迎仪式。不过，在清华学生中口口相传的"拖尸"还带有一丝恐吓的意味。

清华学生赵俪生回忆：入学以后，有一系列的报到项目，常规的如"到财务科缴费""到教务处注册""到校医院检查身体"等，不过"到体育馆检验身体"则是一种隐晦的说法，其实就是"拖尸"。

《国立清华大学第二级毕业纪念册》中有当年的学生对"拖尸"的定义："拖尸，英文 Toss 之译词也。本校同学每遇新生到校后，于举行欢迎新生大会之夜，对新来之同学，必表示一个'下马威'。其法，先组织一'拖尸团'，迫更深人静时，群兴破户排闼直入新生之宿舍，将一个个于甜梦中拖起来，监禁于暂时之狱中，俟天明始放其返，此谓之拖尸。"

季羡林回忆的"拖尸"形式有所不同："（清华）新生入学，第一关就是'拖尸'……新生在报到前必须先到体育馆，旧生好事者列队在那里对新生进行'拖尸'。办法是，几个彪形大汉把新生的两手、两脚抓住，举了起来，在空中摇晃几次，然后抛到垫子上，这就算是完成了手续，颇有点像《水浒传》上提到的杀威棍。墙上贴着大字标语：'反抗者入水！'游泳池的门确实在敞开着。"①

季羡林有幸得到老朋友庇护，没有受"拖尸"之罪，不过大多数新生都得经受这次考验。《国立清华大学第二级毕业纪念册》中有一篇《一个 Freshman 的日记》，讲述了一个清华新

---

① 季羡林：《梦萦水木清华》，《季羡林文集》（集外集），青岛出版社，2015，第 2753 页。

生的遭遇:

我们知道今晚一定有"对 Freshman 下马威"的玩意儿,即把床靠住了门,以为这样坚牢,门一定打不开的。谁想,在睡梦中,被一阵震耳的嘈杂声惊醒,我知道这是我们的大难临头了。一群强盗似的家伙,在拼命地捣门。门捣不开,就"哗啦"一声,两片玻璃窗打得粉碎。我不知道是因为冷,还是骇怕,全身都发抖起来!

"开门,开门,不开门是不行的。"那震耳的暴声着实骇人!

小客人抖着手把床移开,十几个牛般的家伙一涌进了室内,他们七手八脚地把朱君手脚抬起,一上一下打起油来。"one,two,three,—down!"

接着当然轮到了我,我忽然吓得向他们哀求,因为我看见朱君自摔到地板上的可怜模样!

"我没关门,门不是我关的!"

"No excuse! No excuse!"

说时迟,那时快,我已被四脚四手地抬了起来。

"杭育,咳育,杭育,咳育",我被他们抬在空中,如一片枯叶似的飘荡起来,荡了几荡,我被他们摔在床上,他们一轰的去了！

受了此番惊吓的新生，一夜自然睡不好。

在教会学校燕京大学，学生们也有类似的"拖尸"活动。1946年秋，燕京复校开学后不久，"拖尸"团即贴出"拖尸"十诫，列出选择被拖对象的十个条款，如谄媚异性、奇装异服、喜欢表现等，并写明凡犯新列十项之一者，拖无赦！几天以后，"拖尸"团簇拥着3名已选好的"拖尸"对象，向西校门的河边走去，许多同学去观看。但这次"拖尸"进行得并不顺利。不仅3名被拖对象竭力反抗，围观者中也有一些同学高喊反对"拖尸"的口号。结果，一位名叫杨宗禹的同学挺身而出，他大吼一声"请拖我，我愿意被拖"，观众中顿时爆发出大笑。于是，"拖尸"仪式正式开始。首先，让他啃一个吊在树上的苹果，由于苹果吊得比嘴略高一些，他必须跷起脚来，扬着脸才能吃到，如果咬不对劲，苹果就荡开去，他的样子实在可笑，好不容易才把苹果吃完。接着，就让他爬着用鼻子把乒乓球拱过石拱桥，这也是难度很大的动作，不断激起阵阵笑声。最后是"拖尸"，他把衣服脱掉，只剩下裤衩和背心，由"拖尸"团的两名彪形大汉抬着他扔到河中去，他游了几下，才被拉上来。

"拖尸"这样的欢迎式对内敛的学生来说或许是极大的压

力,不过,也有些同学对此并不以为意,季羡林就觉得"拖尸"这里面并无一点敌意,只不过是对新伙伴开一点玩笑,其实是充满了友情的。后来,为了避免制造新老同学之间的矛盾,清华、燕京大学的这些"拖尸"活动渐渐停歇了。不过这种美国式的欢迎,一定给新同学们留下了难忘的回忆。

北大的开学"第一课"

进入高等学校开始钻研高深知识,探索科学奥秘,寻求人文理想,是一件神圣而值得骄傲的事,在百年前,这更是一种难得的机会和权利。在开学之际,校长们往往会郑重其事地把求学的目的意义、大学生活的使命责任告诉大家。

曾经的北大继承"京师大学堂"而来,不少人把到北大念书,看作是入仕途的门道。蔡元培掌校之后,便努力纠正这一想法。他曾在开学典礼上指出,大学者,研究高深学问者也。入法科者,非为做官;入商科者,非为致富。而研究学问本身才是大学的宗旨,读大学不是为了晋升官位或造富,而是为了传播知识、传承文明。

大学的学习方式不是"填鸭"式的,掌握学术研究的方法,培养独立的思想是大学作为最高学术研究机构的使命。胡适就希望老师能带学生"多做研究,做独立的创见",学生"能够充分地利用工具,能够独立的研究、独立的思想"。

　　学生时代,充满理想和激情,也时常为外界所驱使,但回归大学的本质,还是教与学,教学相长、授人以渔是大学的题中应有之义。胡适对学生们说,有人骂北大不活动,不要管他;若有人骂北大不热心,不要管他。但是若有人说北大的程度不高,学生的学问不好,学风不好,那才是真正的耻辱! 这苦口婆心的话语也是他的肺腑之言。

　　进入大学之前,青年学子对大学的各种想象或许只是来自零碎的片段,真正迈入校门,才开始对大学生活的探索。或许有失落,或许有惊喜,而融入大学生活,找到自我位置,并形成独立的思考,是大学最重要的课题。

大师说：如何选专业

高考结束拿到考分的学子会面临这样的焦虑：在大学里应该选择什么专业来作为自己今后人生发展的方向？这或许是他们生平第一次做出重大的选择，而这个选择的结果将关乎他们将来的职业和生活。踌躇间，幸运的学生，或许能得到有经验的师长指点迷津，而大多数人常常面对热心亲友不同的说辞而感到迷茫、不知所措。有人说选专业要凭个人兴趣和能力，有人说选专业便是择业，当以社会需求为先。何不翻看那些大师们的回忆，看看他们在学生时代都经历过怎样的迷茫，面临过怎样的选择，又是根据什么来做选择的呢？

从我国教育发展的历史来看，近代高等教育事业的发展是一个重大的转折。中国传统的科举考试以经文诗赋的考查为主，学问研究是一个体系，并无明显的学科界定，而读书的直接目标是金榜题名、入仕为官，教学方式也是师徒相传式的。近代随着西方教育理念和教学方式的传入，国内纷纷建起大学堂，分科系设专业，引入近代工业和实验设备，按照专业科系进行人才培育，塑造专门人才，这些都是引人注目的变化。其中分科设系对于传统国人来说还是个新鲜事物，它既是知识专业化、专门化的标志，也是学术分野的象征。对于大学生来说，进入大学学习，选择专业便是接受专门化训练的开始。

不过，对于初入大学校门的十七八岁的青年来说，对自己兴趣的了解、对专业的理解，或许并不那么确切，在选择专业的过程中经历一番摸索，甚至遭遇挫折，也是时常发生的。读读大师们的求学往事，会发现有的"幸运儿"一开始便找准了人生方向，在专业道路上从一而终，而很多人则经历过一次甚至数次的专业转换，更弦易辙，才最终走上一生的志业道路。

医学专家吴阶平：做专业上的坚持者

我国著名医学专家吴阶平早年毕业于协和大学，那是一所在近代中国赫赫有名的西医院校，培养出了大批西医名医。吴阶平的家族中先后有 10 人在协和大学学习和工作，而他们家族的"协和情结"是和当时的社会状况分不开的。他回忆，当时他父亲认为社会腐败不能让儿女们从政，而做医生却是一种既高尚又稳妥的职业，不管社会如何动乱，济世救人总是会受到人们尊重的。而要想当一个有本领的医生，就必须进协和。在他父亲的影响下，他的大姐夫陈舜名、哥哥吴瑞萍先后毕业于协和。吴阶平自己也把进协和作为志向，经过努力，于 1933 年考入了燕京大学的医预科(当时进协和都要先读预科),经过激烈的竞争,1936 年他从全班 52 名同学中脱颖而出,成为被协和录取的 15 人之一,从此开始了他的医学人生①。

实践"科学救国"理想:一代青年的报国志

在那个动荡的年代,目睹旧中国的积贫积弱,一批批青年学生产生了投身科学救国、工业救国的理想,并以此为志业选择了自己的终身事业。中科院院士、清华机械工程系毕业生梁守槃曾这样概括他选择专业时的初衷:学习的目的是救国。

幼年的他在读书看报中开始了解到中国是一个弱国。外国人的"船坚炮利",我们打不过他们,于是他心中便萌发了"振兴工业,科学救国"的想法。在他青年时,"九一八"事变爆发。梁守槃目睹日本空军在淞沪战争中对我国军队的欺压,当时我国空军力量贫乏,他又把"科学救国"的圈子划小,决定要"航空救国"。1933 年,他同时考取了交通大学和清华大学。这是两所在当时都非常出名的大学,也极难考取。他考

① 吴阶平:《用医学生的眼光看协和》,载《胡适选专业——大师们的大学生活》,辽宁教育出版社,2006,第 85—86 页。

虑到当时交通大学隶属于铁道部，学生毕业的出路，以铁路部门为主，而他对铁路工作没有兴趣，便决定到清华大学报到。在清华大学，他如愿进入了机械工程系，1935 年又被分到航空工程组。毕业后他不改初衷，投身于航空工业的教学研究中。在国难当头的年代，怀着这样科学救国理想的青年学子不在少数，他们中有著名的"两弹一星"功勋人物钱学森，有我国地质学研究的早期奠基人李四光，他们都是怀着改变旧中国科技极度落后的面貌的理想，而毅然投身祖国科技事业的。

正如电影《无问西东》中所描述的一样，包括西南联大时期在内的一代代青年学子怀着"科学救国"之志，克服求学、就业、生活中的种种现实困难，怀着发展中国科技工业力量、科学救国的坚定信念，在最艰苦的地方，开始了为祖国振兴而奋斗的新生活，他们用一生的努力实践了青年时代的梦想和追求。

上下求索，找寻专业方向

前述的那些在专业道路上"从一而终"的幸运儿当然让人羡慕，一方面，他们早早找到自己的志向和兴趣所在，避免绕许多弯路；另一方面，他们又得以用自己的专业知识，在不同领域为国家建设、为社会服务贡献力量。不过对很多青年来说，他们在专业选择上或多或少都经历过一番磨砺。

教育学家、曾任北大校长的蒋梦麟在留学期间就经历过专业上的转变。初赴美国留学时，他选择的是农科，因为当时的他认为中国是个农业国，改进农业将使大多数中国人获得幸福，同时他成长于乡间，对自然界的花草树木和鸟兽虫鱼本身就有浓厚的兴趣。于公于私，农业对于他似乎都是最合适的选择。念书期间有位朋友劝他放弃农科之类的实用科学，另选一门社会科学。那位朋友指出，首先，农科固然重要，但是还有别的学科对中国更重要。除非我们能参酌西方国家的近代发展来解决政治问题和社会问题，否则农业问题也就无法解决中国的根本问题。其次，如果不改修社会科学，眼光可能就局限于实用科学的小圈子，无法了解农业以外的重大问题。蒋梦麟听了朋友这番话，很受触动，反复思量这个三岔路口的人生选择。一天清早，正预备到农场看挤牛奶的蒋梦麟，在路上碰到一群蹦蹦跳跳去上学的小孩子。他忽然想到：研究如何培育动物和植物，不如研究研究如何培育人才。于是他一口气跑上卜技利的山头，坐在一棵古橡树下，凝望着旭日照耀下的旧金山和金门海峡的美景。脑子里思潮起伏，忽然之间，眼前恍惚有一群天真烂漫的小孩，像凌波仙子一样从海湾的波涛中涌出，于是蒋梦麟毅然决定转到社会科学学院，选教育为主科，从此走上了教育育人的道路。[①]

气象学家竺可桢也有相似的经历。他起初认为"中国以农立国，万事以农为本"，也选择了农业。但在伊利诺伊大学农学院学习了一段时间后他才明白，美国的农业科学并不发达，而且农业的体制和耕作方式跟中国迥异，他所学的东西很可能回国后没有用武之地。再三思量后，竺可桢坚持读完了本科的课程，也找到了自己的方向。他发现，农业自古以来就是"靠天吃饭"，有一门跟农业联系非常密切的专业——气象学，自己可以在这方面深入学习一下。于是，竺可桢考入了哈佛大学研究院地质学与地理学系，攻读气象学，开始了他与气象学为伴的学术人生。

地质学家李四光在英国伯明翰大学留学期间，刚开始就读的是采矿专业，在一年的学习后，他经过一番深思熟虑，决定改学地质学。当时与他同住的好友丁西林并不理解，李四光这样解释说："要造船，就得有钢铁；要钢铁，就得靠采矿。我已经学了一年采矿，但我现在认为，光会采矿是不行的。中国虽然地大物博，但是科学落后。如果我们自己不能找矿，将来就是给洋人当矿工。"[②]怀着这样的志愿，李四光在英国求学

---

① 蒋梦麟：《西潮·新潮》，岳麓书社，2000，第 144 页。
② 李方正：《地质之光：李四光的故事》，吉林科学技术出版社，2012，第 24 页。

期间,不仅在学校努力钻研,还积极争取实践的机会,回国后任教于北大,为新中国的地质开采事业做出了杰出贡献。

中国航天事业奠基人钱学森早年入读交通大学,在校期间成绩优异的他原本以建设中国铁路事业为目标,然而日本的侵略不仅打破了他平静的生活,更让这位爱国青年明白一个残酷的现实:我国航空业极端落后。于是他将目光投向了航空业这个新兴的领域。毕业后他获得了公费留学的机会,在导师的推荐下入读赫赫有名的麻省理工学院,成为航空系飞机机械工程专业的学生。在那里,他有机会师从该领域权威专家冯·卡门从事航空理论研究,并成为大师的得意弟子。毕业后他毫不留恋美国优越的生活和科研条件,不改初心,回到祖国投入了建设事业。

经济学家马寅初赴美留学时选的是采矿专业,但是,随着对美国了解的深入,他渐渐发现,"实业救国"这条路似乎走不通,很多东西都制约着经济的发展。他深刻意识到,清政府治理下的祖国,与美国这样的西方强国比起来,还有着很大的差距,不是简单振兴工商业就能够解决的。为了解决心中的困惑,他找到一个更好的解决方法:放弃原来的矿学专业,转而去学经济学。在1947年的一次演讲中,马寅初谈到了当初自己改专业的初衷:"余到美之后,不再想选择矿科,将学矿科的

念头抛入九霄云外，以为经济学富有内容和生命，遂选经济为主课，选自然科学为副课。"[①]

有"弃理从文"的学生，自然也有"弃文从理"的勇士，这里不得不提物理学家钱伟长的故事。他在中学时期爱好文科，对理科特别是数学、物理则视为畏途。参加清华入学考试时，钱伟长的文史试卷很出色，作文更是受到中文系的杨树达教授的欣赏，希望他去中文系；而历史系的教授对他的答卷也特别满意（题目是写出二十四史的名称、卷数、作者、注者），希望他到历史系去。但是数理化三科他考分总和不到100分（其他同学的成绩都在200分以上），英文也考得不好。按理说，以他的条件入读文史专业是顺理成章的事。但在"九一八"事变后，他和大多数爱国青年一样燃起了"科学救国"的热情，当时在他看来，数理化即科学，所以钱伟长下定决心弃文学理。当时清华物理系主任为大名鼎鼎的吴有训，由于仰慕吴有训的名声，他努力想进入物理系。而当年物理系可是清华的热门科系之一，在1931级的106位新生中，要求进物理系的就有21人。面对众多数学、物理成绩出色的竞争者，钱伟长不气馁，一次次找系主任吴有训。吴有训起初并不同意，反而极

---

① 马寅初：《在今日的中国，何以学非所用，用非所学》，《文汇报》1947年3月5日。

力劝导身体瘦弱的钱伟长学中文或历史。经过一个多星期的恳谈,吴有训或许为钱伟长的决心所打动,给了钱伟长一次机会,同意他暂时读物理系,但以保证在学年结束时,他的物理和微积分的成绩都超过 70 分,同时选修化学,还要加强体育锻炼等为前提。最终钱伟长用成绩和努力交上了这份合格"答卷"。

上述这些案例中,他们往往是看到国情需求与专业教育间的差距而做出的调整,不过也有不少专业转换的案例源于个人兴趣与专长。著名文史学家朱家溍上高中时就对文史怀有强烈兴趣,向往着北京大学国文系和历史系。他抄下北大的课程表,去旁听黄节的汉魏六朝诗课、胡适的文学史课。不过,虽然他对文科有浓厚兴趣,但在报考大学的时候,他的大哥、二哥却一定要他考北洋大学机械系和唐山交大水利系。这两所学校在当时以工程类专业出名。一般说来,那时候大学生毕业后就业选择并不多,而读机械、工程这样的学科,可谓一技在手,就业稳定,比较有利于毕业后的职业选择。本不擅长数学的朱家溍没能考上,他家人仍鼓励他第二年接着考。结果他继续在北大旁听了罗常培的语言学课、沈兼士的文字学课、孟森的清代开国史课、钱穆的中国通史课,报考唐山交大却又一次名落孙山,后来他终于调整方向,考入了辅仁大学

的国文系，那里有继承北大班底的师资，在国文系他得到大师指导，发挥兴趣所长，走上文史之路。

哲学家金岳霖早年也有过相似的经历。他在赴美国留学之前，曾就专业选择问题征求兄长的意见，其兄建议他学簿记学。金岳霖到美国后，开始按部就班地学习簿记学，后来他感到自己对这个实在没兴趣，决定转入哥伦比亚大学读政治学。为此金岳霖曾致信兄长，说："簿记学，是雕虫小技。我堂堂七尺男儿，何必学这雕虫技艺。昔日项羽不学剑，就是因为剑乃一人敌，不能当万夫。"

著名记者邹韬奋也走过一条由工科而转文科的道路。他小时候就被父亲送进南洋公学附属小学，循着附属小学直升中院（即附属中学），中院毕业直升上院（即大学）的路子，邹韬奋便能成为一名工程师。这是他父亲为他规划的道路，在他懵懂的童年，并不理解工程师究竟有多大贡献，只是以为工程师能造铁路，而在铁路上做了工程师，每月就有 1 000 元或 800 元的丰富薪酬。然而，在南洋求学过程中，他逐渐意识到要做工程师，须对算学、物理一类科目有浓厚的兴趣和特殊的机敏，而这方面正是他的缺憾。经历了精神上的困苦和经济上的窘迫，突然有个机会摆在他面前：一位南洋土木科的同学决定去投考圣约翰改选医科，并邀邹韬奋一起去圣约翰投考。因为课程相距甚远，由工科转文科并不容易，幸运的是，靠着以往的积淀，邹韬奋成功考取了圣约翰大学。进入圣约翰后，他功课上的烦闷得以一扫而光，学习生活可谓如鱼得水，终于走上了职业记者的道路。[1]

历史学家何炳棣早年入读清华的科系为化学系，他在入读清华前曾在山大念过一年化学系，具有一定的专业基础。不过他在入读清华两三个月后便决定放弃化学而改修历史。促使他做出这个决定的原因有几个方面。一方面，化学系要求相当高，一开始就规定大一化学成绩非达到相当高的标准，第二年不准入系。当时班上几位上海中学和苏州中学毕业的同学表现很突出，其中上海中学毕业的刘维勤一两月内即赢得"B. B. Noyes"的绰号（意为可比肩麻省理工学院的教授A. A. Noyes，那是他们定性分析课本的作者）。这对数学根基不够扎实的何炳棣造成极大压力。而另一方面，大一阶段他上的西洋通史课和英文课则很合他胃口，授课老师刘崇鋐教授态度谦逊和蔼，推荐阅读的书目让何炳棣读后觉得眼界大开，趣味无穷，更从内心转向了历史系。[2]

重读那些大师们的回忆，不难发现，在那个年代，或是出

---

① 邹韬奋：《生活与我》，上海交通大学出版社，2017，第 69 页。
② 何炳棣：《读史阅世六十年》，中华书局，2012，第 58 页。

于国家建设的需要，或是出于个人职业的考虑，重理轻文、重实用轻基础这样的现象往往比比皆是。这一方面是当时时代的大背景所限，国力贫弱的旧中国急需科技、工业方面的人才，去投身国家铁路、桥梁、水利、航空、医疗等各方面建设；另一方面学生也有诸多现实的考虑，如毕业后如何就业，以何职业养家糊口、安身立命等，具有相当的现实性和合理性。

胡适说：大学如何选专业

当时大学便有冷门系和热门系之分。据清华早年学生回忆，像经济系、工学院都是热门系，选政治系、社会系的也都不少。钱锺书的小说《围城》中就写到了这样的专业"鄙视链"：在大学里，理科学生瞧不起文科学生，外国语文系学生瞧不起中国文学系学生，中国文学系学生瞧不起哲学系学生，哲学系学生瞧不起社会学系学生，社会学系学生瞧不起教育系学生。

关于专业的选择，究竟是凭个人兴趣，还是看社会需求？或是投向热门专业？另一位北大著名的校长胡适有过一段对青年人的讲话，在今天或许依然可以为当下的我们带来很多启发。

胡适早年以"庚款留学生"身份赴美留学，初到美国，他选择入读东岸名校康奈尔大学的农学院。对于这个选择，他回忆：他在赴美的船上便开始认真考虑未来方向的选择。开矿造铁路这些实业可谓当时热门之选，回国也不愁出路，不过他不感兴趣。退而求其次，要学有用之学。最后他把目标锁在了康奈尔大学的农学院。康奈尔大学是美国古老的名校，其农学院更是全美数一数二的。而我国是农业大国，80％的人是农民，学了科学的农业，或可有利于国家。

然而，入校之后的学习却给他浇了一盆冷水。首先，胡适不曾有过实际的农村劳动经验，而农学是一门重视实践的课程。虽然他靠着记忆应付考试问题不大，却也不曾对这些科目产生浓厚兴趣。另外，美国的农业发展状况与中国完全不同，那些经验也无法为中国所用。他拿一门实习课"果树课"举例，在实习课上，他们需要辨识各种苹果，这些苹果对于美国学生是常见的，在中国大地上却看不到。他意识到美国的农业科学对他的理想并没有什么帮助，他需要另寻目标。经历过一番摸索，胡适最终转到文学院，主修哲学，后追随大师杜威学习。留美期间他利用各种机会实地了解美国的政治思想，打开了眼界。也正是经历过这番曲折，他才意识到确定专业目标对青年人并非易事。

面对当时青年选择科系专业的困惑与现状，1958年胡适在台湾大学法学院做了专门演讲，分享了他个人的经验与感悟。他痛感于青年人在专业选择上的短视和功利，重理轻文、重实用轻基础，"天才比较高的都跑到医工科去，而且只走入实用方面，而又不选择基本学科。譬如学医的，内科、外科、产科、妇科，有很多人选，而基本学科譬如生物化学、病理学，很少青年人去选读"。大家在选择专业的时候容易人云亦云，"譬如一位有作诗天才的人，不进中文系学作诗，而偏要去医学院学外科，那么文学院便失去了一个一流的诗人，而国内却添了一个三四流甚至五流的饭桶外科医生"。①

那么，在选择专业科系时究竟应该考虑什么因素呢？在胡适看来，专业科系的选择须把握两个标准：一个是"我"，一个是"社会"，看社会需要什么？国家需要什么？中国现代需要什么？然三百六十行，行行出状元，因此，这个问题的落脚点仍是在"我"。我的兴趣在什么地方？与我性质相近的是什么？我能做什么？对什么感兴趣？即所谓"性之所近，力之所能"。

然而十七八岁的青年如何决定自己的前途、职业呢？他希望大家不要人云亦云，家里的爸爸、妈妈、哥哥、朋友等要

---

① 胡适等：《胡适选专业——大师们的大学生活》，辽宁教育出版社，2006，第170页。

你做律师、做医生，不要管他们，不要听他们的话。他鼓励大家不妨多尝试、多摸索，正所谓"磨刀不误砍柴工"。"当初所填的志愿，不要当做最后的决定，只当做暂时的方向。……进大学后第一年到处去摸、去看，探险去，不知道的我偏要去学。如在中学时候的数学不好，现在我偏要去学，中学时不感兴趣，也许是老师不好。现在去听最好的教授的讲课，也许会提起你的兴趣。好的先生会指导你走上一个好的方向。"①

60多年前胡适对学子们的这番教诲，今天听来或许也并不过时。因为青年人总有相似的烦恼：兴趣很多，却难以坚持；爱好在此，可父母家人希望的方向在彼。幸运的是，今天的学生有更多机会在大学里接受跨学科的知识和教育，有利于拓宽知识视野，也有更多机会与同学师长交流，或许能更好地帮助学生找到自身的定位。

大学教育是人生的重要一环，十七八岁的年纪正是精力旺盛、善于吸收新知、接纳新事物的阶段，大师们生活在不同的年代，但他们也曾经历过相似的迷茫和摸索，或许他们的经验可为我们在徘徊迷茫时指明前行方向。

---

① 胡适等：《胡适选专业——大师们的大学生活》，辽宁教育出版社，2006，第170页。

本章参考书目

1. 陈岱孙：《往事偶记》，商务印书馆，2016年。

2. 季羡林：《清华园日记》，外语教育与研究出版社，2009年。

3. 陈寅恪：《陈寅恪集》，生活·读书·新知三联书店，2009年。

4. 钟叔河、朱纯：《过去的大学》，同心出版社，2011年。

5. 郑小惠、童庆钧、高瑄：《清华记忆——清华大学老校友口述历史》，清华大学出版社，2011年。

6. 杨亮功：《早期三十年的教学生活 五四》，黄山书社，2008年。

7. 周有光：《周有光百岁口述》，广西师范大学出版社，2008年。

8. 么其璋、么其琮等：《民国老试卷》，新星出版社，2016年。

9. 中国人民政治协商会议全国委员会文史和学习委员会：《文史资料选辑》，中国文史出版社，2011年。

10. 陈平原、夏晓虹：《北大旧事》，北京大学出版社，2009年。

11. 何炳棣：《读史阅世六十年》，中华书局，2012年。

12. 季羡林等：《大学往事：一个世纪的追忆》，昆仑出版社，2002年。

13. 张中行：《负暄琐话》，黑龙江人民出版社，2005年。

14. 胡适：《胡适的声音——1919—1960：胡适演讲集》，广西师范大学出版社，2005 年。

15. 燕大文史资料编委会：《燕大文史资料(第 1 辑)》，北京大学出版社，1988 年。

16. 胡适等：《胡适选专业——大师们的大学生活》，辽宁教育出版社，2006 年。

17. 邹韬奋：《韬奋自述》，学林出版社，2000 年。

18. 蒋梦麟：《西潮·新潮》，岳麓书社，2000 年。

19. 朔之北、许毕基：《名家上学记：那时大师如何上大学》，济南出版社，2010 年。

名师画像篇：
大学者，有大师之谓也

回看近代教育史上的人物，很多人感慨那真是一个大师辈出的年代。的确，在当时的大学讲台上，记录了一串响亮的名字：章太炎、梁启超、陈寅恪、钱穆、胡适、傅斯年、顾颉刚、赵元任、闻一多、朱自清、刘半农、吴宓、叶公超、梁实秋……一位位或西装革履或布衫长褂、或新派或保守的先生们留下了生动的故事，回看起来，仿佛群星闪耀。

正如梅贻琦校长所说："所谓大学者，非谓有大楼之谓也，有大师之谓也。"先生们以他们的学识见解，开风气之先，以他们的人格魅力，感染着每个学生。在今天读到他们的故事，仍然令人心潮澎湃。那是一个转折巨变中的年代，那是一个思想激荡的年代。有时候我们又不由得感慨不已，他们对青年人的期许，对自身使命的认识，是超越时代的。在追忆大师们的故事时，许多教授的故事常常会吸引我们的目光，或许是因为他们鲜明的个性，或许是因为他们身上的哲人气质，更能反映那个新旧交融的时代。

那是一个变动的时代，那是一个思想喷涌的时代。

胡适：但开风气不为师

在台湾地区"中研院"边上保留着一个小小的胡适纪念馆，这里是他人生中工作和生活的最后一站。虽然他曾是影响一代青年人的大师胡适之先生，但今天这个纪念馆里似乎宾客寥寥。不过当你看到照片中他含蓄而温暖的笑容，那个"谦谦君子"的形象似乎又回到眼前。

胡适祖籍安徽绩溪，父亲曾任台湾知州，可惜去世较早。他由寡母抚养长大，也受过传统的教育熏陶。后来他考取公费赴美留学，并拜在实验主义大师杜威门下，受老师思想影响很深。后来在他的影响下，杜威主义在国内也广受欢迎，不少赴美学习教育的留学生可以说都或多或少受到其影响。

初登北大讲台

1917 年，胡适从美国学成归国，当时他引用荷兰神学家 Erasmus 的话说："现在我们已然回来。一切要大有不同了。"听到这句话，心中不由得为之一震，那是一种怎样的意气风发，但胡适确实担得起这句话。因为，学成归国的他很快就成为北大教授。

在美留学时,胡适便为陈独秀主编的《新青年》写文章并受到其赏识,回国后即受聘任教于北大哲学系。1917年,顶着"留美博士"光环,时年不满30岁的他站上了北大的讲台。而这一年,对北大来说也是具有特殊意义的年份。因为在这一年,蔡元培出任北大校长,倡导"思想自由、兼容并包"。在他的支持下,一大批新文化运动的领军人物登上北大讲台。

不过处于五四运动前夜,学生运动风起云涌之际,北大讲台可不是那么容易站稳的。年轻而自负的北大学子曾把不少认为不够"资格"的老师赶下讲台。当时胡适在哲学系开授"中国哲学史"课程,他一反前人惯常,抛开夏商,直接从周宣王以后讲起。他的这种做法在哲学系引起不小震动,不少人对他表示怀疑。据传顾颉刚拉当时风头正劲的学生傅斯年去听胡适的课,看看这位比他们大不了几岁的老师是不是在"胡说"。傅斯年听了他的课之后回去对同学们说,胡适这个人书虽然读得不多,但他走的这条路是对的,你们不要反对他。学生如此品评老师,恐怕也是那个时代特有的景象。

后来与傅斯年亦师亦友的胡适,在这群北大学子面前或许也有过战战兢兢的时刻吧,但他毕竟凭一己之力站稳了北大讲台,还成了文科教授中的名人。据他当年同事周作人回忆,胡适与当时北大的陈独秀、朱希祖、刘半农、刘文典等并称北大"卯字号"名人。原来，"卯字号"是当时北大文科教员的预备室，一人一间，不少名人每日在这里聚集。这其中最有趣的就是前辈陈独秀、朱希祖都是己卯年生的，而胡适、刘半农、刘文典都是辛卯年生的，在一起凑成了两个"老兔子"和三个"小兔子"。

新派人物身上的"旧"

身为"新文化"运动旗手的胡适，提倡白话文，写新诗，办刊物，家中高朋满座。不过，在不少学生印象中，初见胡适，与印象中留学生的洋派气息并不同。

据曾经的北大学生赵捷民描述，胡适有着宽阔的前额，一副阔边眼镜，一副常带的笑容，让学生们感觉亲切而愉快。作为一个洋学生，他的作风显得格外朴素，他虽留学美国，却不穿西装。冬天穿湖绸棉袍，夏天穿夏布长衫。[①] 他不留分发，只留学士头。他的家在北京地安门里米粮库四号，住的是一所树木葱茏的小院，大门虽是小小的铁栅栏门，里面却是几个单间组成的西式平房。客厅里布置得非常简朴，还是老式的桌、椅、茶几，没有什么豪华的陈设。他的书房不过是客厅里

① 赵捷民：《北大教授剪影》，载陈平原、夏晓虹编《北大旧事》，北京大学出版社，2009，第428页。

的东套间,在向南的窗子下面摆了一张长桌,桌子上铺着白桌布,中间放着毛笔、墨盒等文具,两旁都是成摞的线装书,有的书套已经打开,有的书卷放着,有的翻扣在桌子上。桌子前面是一把藤椅。地上没有地毯,多少还有点潮湿。让人感觉与他的"博士"身份并不相称。①

不仅如此,他还是个守旧礼的人。北大学生田锦炯初见胡适时,他正在服母丧,是个"身着黑布长袍马褂,面容憔悴,头发甚长,胡须未剃之人"②。原来被视为反对旧文学旧礼教的胡适,却远不是一个不守传统、不拘小节的人。他生活中比较洋派的大概就剩他上课坐的汽车了,不过当时已开始盛行流线型的小轿车,而他坐的仍是一辆老式黑色轿车,被学生私下戏称为"四平头"(山东对"行棺"的代称)。

演说家胡适的风采

胡适上课不发讲义,也没有讲稿。每次上课都是抱一大摞书,讲到需要引书的地方,就打开书向学生宣讲其中有关的章节。学生需要一边听讲,一边做笔记。可即使这样,在北大

---

① 严薇青:《北大忆旧》,载陈平原、夏晓虹编《北大旧事》,北京大学出版社,2009,第405页。
② 田锦炯:《北大六年琐忆》,载陈平原、夏晓虹编《北大旧事》,北京大学出版社,2009,第187页。

沙滩红楼的大教室，他的课堂上总是人满为患，不少学生不得不提前去占座。因为他口才极好，听过他的课的学生都说胡适讲课非常好。

学生朱海涛记得，胡适在学校开的课是中国文学史和传记研究。中国文学史是一门极叫座的课。他讲《诗经》，讲诸子，讲《楚辞》，讲汉晋古诗，都用现代的话来说明，妙趣横生，常常引得学生哄堂大笑。

曾经的北大学生田炯锦便说，他读书时候最爱听胡适的课，因为胡适不但有许多新颖的见解，而且擅长表达。后来他留美期间先后进过五个大学，听过十几位教授讲课，也只有意利诺大学政治系主任嘉莱尔先生，可与胡先生相伯仲。

曾有机会聆听胡适演讲的柳存仁这样描述：胡先生在大庭广众前讲演之好，不在其讲演纲要的清楚，而在他能够尽量地发挥演说家的神态、姿势，能够以安徽绩溪化的国语尽量地抑扬顿挫。并因为他是具有纯正的学者气息的一个人，他说话时的语气总是十分的热挚诚恳，带有一股自然的傻气，所以特别能够感动人。他原封不动记下了胡适上课的语言：

现在要说到《水浒传》。现在《水浒传》的故事，完全是四百年，到五百多年的，演变的历史。最初呢，是无数个极短极短的故事,编成了一部。到了明朝——到了明朝的中叶——才有一个整个的,大的故事。这个时候,水浒的本子呢,就是一百回的,一百二十回的,一百二十五回的,后来又删改成一百回,七十一回的故事。元剧里面的李逵很风雅,会吟诗,又会逛山玩水。从这个样子的李逵,变到双手使板斧的黑旋风的李逵,而宋江呢,由人人敬爱,变到被骂。这种演变,都是由于一点点的,小小的差异 variation。[①]

学生希望用圈点来更多保留胡适说话时候的神情,他相信,凡是胡适的朋友、学生们,或曾经听过胡先生的演讲的,一定能够感受到这里面有几处神情、样子,是可以回忆到的真正的"胡说"。

从今天保留下来的胡适演讲来看,他是个受欢迎的演讲者,在大学的开学典礼、毕业典礼上,他是发言的常客。他的演讲水平一流,话语总是真切诚挚,说到年轻人的心坎上。他的演讲中既有风趣幽默的比喻,又蕴含着丰富的人生体悟和道理。这种演讲的才能或许与胡适在美国的训练有关,使他

---

① 柳存仁:《记北京大学的教授》,载陈平原、夏晓虹编《北大旧事》,北京大学出版社,2009,第 265 页。

在演讲方面的才华得以展露。

据说，他曾亲口说："我对于演讲，也可以算是久历疆场的老将了。从前我曾在美国和加拿大的联合广播电台上说话。"①这番自夸不仅没有引起听者反感，反而让人感到胡适的魅力。

他的讲课不仅表达精彩，内容也充实，颇有创见。他讲中国哲学史，讲佛教思想的侵入，讲佛教和禅学，这是他大胆假设、小心求证，广泛印证中外大量参考书籍的结论。

他课上也常谈论时局问题，但都是言之有物的。他恳切地谈，照顾到课堂上有日本留学生听课，他的措辞更不会失体。但在局势日坏的时候，他也曾以学者身份发出过呐喊。1936年冬，有一天快要下课了，胡适忽然感喟起来："昨天，当局约了我们这一班教育界的人，到怀仁堂（在北平中南海）去吃饭。我们本来已经听到了不少的谣言，昨天吃完了饭，大家正想开口，他们中间已经有人表示了一大套他们的所谓'苦衷''苦撑'的艰难了。都是些不很妥当的话。这个时候，大家叫我代表教育界文化界的人来发表一点意见。我站起来说：在四年以前，你们的弟兄们，在喜峰口打了一个胜

---

① 柳存仁：《记北京大学的教授》，载陈平原、夏晓虹编《北大旧事》，北京大学出版社，2009，第265页。

仗,牺牲了七千多人的性命,七千多人的热烈的性命所造成的
光荣局面,你们自己的忠勇的同胞们所造成的好的局面,希望
你们要保持着,要能够对得起这死去的七千多人。"①当时一班
人酝酿的"华北自治"的暗潮,在这番理直气壮的质问面前显
得苍白无力,而发出这样声音的却是保持书生本色的一介学
人胡适。

和而不同的君子

大多数时候,他都是一位"谦谦君子",但在新旧杂糅的年
代,他的课堂也不总是平静的,他和哲学系另一位先生梁漱溟
的隔空对台便是学子们津津乐道的故事。当时北大哲学系里
胡适开"中国哲学史",梁漱溟开"印度哲学",而两人的著作
《中国哲学史》和《东西文化及其哲学》都为热销书籍,真是旗
鼓相当。同时在楼上楼下上课的两位,便打起哲学对台,这边
胡博士讥梁先生连电影院都没进去过,怎么可以讲东西文化、
印度哲学?那里梁先生说胡博士根本不懂啥叫哲学,正犯着
老圣人"学而不思则罔,思而不学则殆"的毛病。

胡适关于老子的年代问题与钱穆意见不合,为这个有一

---

① 柳存仁:《记北京大学的教授》,载陈平原、夏晓虹编《北大旧事》,北京大学出
版社,2009,第266页。

次教师会议上他和钱穆当面争执，钱穆说："胡先生，《老子》年代晚，证据确凿，你不要再坚持了。"胡适答："钱先生，你举的证据还不能使我心服；如果能使我心服，我连我的老子也不要了。"有一次他甚至愤然地说道："老子又不是我的老子，我哪会有什么成见呢？"

不过他对于学问之争的态度仍是很客观的，有一次当一位同学问起胡适，钱先生的说法和他不同，究竟哪一个对时，他回答："在大学里，各位教授将各种学说介绍给大家，同学应当自己去选择，看哪一个合乎真理。"这种客观的辩论，鼓励学生去思考，去动手找材料解决，也正是北大追求开放包容精神和独立人格的体现。

在这样的氛围下，不仅教师之间如此，教师与学生之间也是如此，可以互相诘问。有一次胡适讲课，提到某一种小说，他说："可惜向来没有人说过作者是谁。"一个同学张君（后为史学家）站起来说，（这个问题）有人说过，是什么丛书里的什么书。胡适很惊讶，也很高兴。他并不以忤，反而以后上课时，逢人便说："北大真不愧为大。"这种站起来提问或反驳的，有时还会有不礼貌的。有一回，在关于佛学某问题的讨论会上，胡适发言比较长，正讲得津津有味的时候，一个姓韩的同学气冲冲地站起来说："胡先生，你不要讲了，你说的都是外行话。"胡说："我这方面确是很不行。不过,叫我讲完了可以吗?"①在场的人都坚持让胡适说完,因为这是红楼的传统,那便是坚持己见,也容许别人坚持己见。

但开风气不为师

胡适对青年的关爱是相当出名的,对有前途的青年他都乐于提携他们,让他们显名。上课时他常常提起丁声树、陶元珍、吴晓铃(均为北大学生)的名字,特别是在大学一年级的学生面前。凡是读到丁声树在《北京大学四十周年纪念论文集》中《〈诗〉卷耳苤苢"采采"说》一文的,没有人不觉得丁在这方面的学问功力不下于清代的戴东原和马瑞辰。可是,在胡适的嘴里,从来不说丁声树是我的学生,他只是说:丁先生也是北京大学的同学。他的《独立评论》刊载过"寿生"的文章,当时他只是一名考北大未取的学生,而胡适在寿生刊于《独立评论》的时论《对学生运动之观感》的"编辑后记"中专门写道:"'寿生'先生是北大一个'偷听生',他两次投考北大,都不曾被取,但他从不怨北大的不公道。他爱护北大,也爱护学生运动。"

① 张中行:《红楼点滴》,载陈平原、夏晓虹编《北大旧事》,北京大学出版社,2009,第373页。

他发掘过不少人才。北大学生缪金源在毕业时不要毕业文凭，在这种情况下，胡适却赏识他的才学，认为他学得不错，即留他在北大当讲师。当学生不满意他，向胡院长提意见时，胡适坚持告诉他们：缪先生是好老师，不能换！此外，钱穆的论文为胡适赏识，他推荐当时只是中学老师的钱穆出任燕大教授。赵荫棠原为北大旁听生，胡适发现他对音韵学有研究，即提拔为北大老师。

他对青年的关怀又是润物细无声的，穿衣冷暖，生活起居，他都会留意在心，送上恰当的关心。何炳棣有次曾住在胡适寓所，由于肠胃不适，晚上腹泻。习惯夜间写作的胡适，听到他的动静，第二天便嘱咐厨子特别准备面条等素净软食，且不要多吃青菜，因为腹泻者不易消化大量植物纤维。这个小小的细节让何炳棣感动不已，也显出胡适待人的真诚与细致。

胡适爱交友，到了礼拜日上午，他的客厅常高朋满座，各种人都有，有他未识一面的，有与他很熟的，有老学究，也有进步青年。各种不同的问题引出了讨论，许多不知名的青年正是在这样的场合下得以认识他，他也借此和天下英雄"以谈会友"。

费正清曾把胡适比喻成一个"百科全书式"的人物。在胡适逝世后纪念他的文字《胡适之先生生平及其贡献》中，李书

华有过这样的概括:

> 总之适之一生,除了四年驻美大使外,全是从事教育
> 学术文化方面的工作。他是一个实验主义的哲学家,承
> 认一点一滴不断的改进,是真实可靠的进化。他是一个
> 考据家,他的考证是用科学方法,拿证据做基础。对于中
> 西文化比较,他称赞西洋文化,特别颂扬西洋科学。他倡
> 导文学改良,主张白话文学,不数年白话风行全国,替代
> 了文言;在这一方面,他的影响之大,简直是空前。他是
> 一个自由主义者,主张思想自由与言论自由。对于政治,
> 他一向主张要宪法,并且要遵守宪法,确定法治基础以保
> 障人权。他的著作丰富,贡献特多,对于青年的思想影响
> 甚大。他的著作有:中文书约二十种,英文书三种,中文
> 论文约四百四十篇,英文论文约八十篇。

胡适是个广博儒雅的学者,一个待人宽厚的长者,开一代
风气之先的他给自己的座右铭却是:但开风气不为师。在他
书桌抽斗里有一大盒大大小小各色各样的图章,其中刻得最
多的就是这句话。据说是提倡古文、办《甲寅》杂志的章士钊
先生和他合摄了一张像,还题了一首白话诗赠他,大意是恭维

他为白话文大师，并说自己写白话诗"算我老章投降了！"于是，胡适答了一首七绝，其中一句就是"但开风气不为师"。

通过胡适留下的演讲文集，我们或许能体会他的智慧、他的风趣，但这些只是他思想的冰山一角，他用浅显的语言来表达思想，背后还有很多博大精深的问题需要我们慢慢体会。晚年的胡适或许是寂寞的，离开了北大的讲台，也不再有年轻时的壮志豪情，有时显得有些过时。他把他的思想用笔留下，他把他的珍贵藏书赠给了北大，而那些领略过他风采的后辈学人，总是对他难以忘怀。

叶公超：真名士自风流

　　"水木清华地，文章新月篇。"这是叶公超多年好友，南开同学张兹阄在叶公超逝世后书写的挽联。叶公超一生经历颇为丰富，他早年留学海外，前半生是清华、北大、西南联大等名校的英文教授，后半生则在外交风云中走遍世界。这幅挽联对于他前半生的文学和教学方面的成就是个很好的概括。身为清华外文系教授的他，也留下了不少有趣的故事。

　　叶公超出身于官宦世家，却幼年失怙，由他叔父叶恭绰抚养长大。说起他叔父叶恭绰，那可是近代史上一个声名赫赫的人物。叶恭绰在北洋时期曾任交通总长，还是交通大学的首任校长，而他本人又是著名金石收藏家、书法家，青铜重器"毛公鼎"就曾是他个人的收藏。在他的影响下，叶公超书画俱佳。少年时代的叶公超聪明又难以管束，求学南开期间正值学生运动风起云涌。叔父叶恭绰为了让他远离学生运动风潮，好好念书，曾两度将他送至国外，于是十几岁的他就开始了留学生涯。他在美国麻省赫斯特大学获学士学位，又曾在英伦求学。在此期间，他对西方文化、诗歌产生浓厚兴趣，在剑桥读书期间，结识著名诗人、批评家艾略特。叶公超对其尤为推崇，认为艾略特的诗超越个人的经验与感觉，代表了一种文化。叶公超曾说他的诗"表现整个文明的心灵"。

青年才俊执教清华

回国后，他先受聘于北大，后在暨南大学、清华和西南联大外文系任教。当时清华外文系的阵容尤为强大，系主任王文显是个西化的华人，曾写过英文戏剧，中国籍教师还有吴宓等，另有外籍教授温德、翟孟生、吴可读、毕莲等，但身列其中的叶公超不负"才子"名头，其锋芒丝毫未被遮盖。学生回忆他的英语用语纯正、典雅，遣词造句幽默、秀逸。

他主持编辑《新月》等重要文学期刊，与胡适、徐志摩、梁实秋等同为"新月派"代表人物，以《新月》为阵地，向国人介绍英美文学和诗歌作品。他是第一个将艾略特介绍进中国的，在他的指导下，其学生赵萝蕤译出艾略特的长诗《荒原》，将那晦涩难解的名篇介绍给读者。赵萝蕤也认为从叶公超这里获益很多，她比较叶公超与当时系里的外籍教授温德的讲授，认为温德只是把文学典故说清楚，内容基本搞懂，而叶老师则是透彻说明了艾略特诗歌内容和技巧的要点与重点，谈到了艾略特的理论和实践在西方青年中的影响与地位，又将某些技法与中国唐宋诗比较。他在为赵萝蕤译本所作的序中指出：艾略特主张用典，用事，以古代的事和眼前的事错杂着，对较着，主张以一种代表的简单的动作或情节来暗示情感的意态，这与北宋诗人有相通之处。同时，他指出就艾略特个人的诗而论，他的全盛时期已然过去了，但是他的诗和诗的力量却已造成一种新传统的基础。应该说叶公超的这一见解相当具有洞见，而他通过《新月》《学文》等介绍英美的新诗和文学批判理论，对于丰富当时国人的视野有极大帮助。

独特的"叶氏教学法"

叶公超身高六尺，体态健壮，皮肤黝黑，相貌英俊。他有宽阔的肩膀，洪亮的嗓音，走路时昂首阔步。他虽是留学欧美的留学生，身上也颇有中国古代名士风范，有时他西装革履，叼个英国烟斗，有时他身穿绸子长衫，冬天则穿绸缎长袍或皮袍，下面穿绸子棉裤，裤腿用丝带系紧，丝带的颜色与裤子不同，往往是颇为鲜艳的，作蝴蝶结状，随着步履微微抖动，用现在的话来说，就是非常"潇洒"。他的头发，"有时候梳得光可鉴人，有时候又蓬松似秋后枯草。他顾盼自嬉，怡然自得"，学生们窃窃私语：先生是在那里学名士。因为在同学们眼里，俞平伯是真名士，而叶公超是学名士。

不过名士却自有名士的派头，关于他的授课，不同的学生却都留下了深刻的印象。当时他教授大一英文，不少学生都上过他的课，对他的课堂教学印象最深的就是：他教课以读音正确出名。曾经就读西南联大的学生刘长兰依然记得叶公超上课时的情景：

（叶）看了看，就开始叫第一排第一个学生：你把我这个书的第一行念一下。那个同学就拿过来，一看是个剧本，对话的。他就念一句。"好了，你坐到那边去。"把这个书给第二个人：你从第二句念，念好你坐到那边去。每个人都让你念几句，都规定你坐这里、坐那里，反正不是你原来的位置。

当学生们不解其意时，叶公超来揭开谜底了。

他说：你们这一组都是江苏人对不对？大伙儿一愣，是啊，我们都是江苏啊。你们是河北对不对？你们那个角上干脆是天津人对不对？也没错！①

----

① 张曼菱：《西南联大行思录》，生活·读书·新知三联书店，2019，第522页。

原来叶公超通过这个来提醒大家纠正方言中带来的口音，而他对语音的敏感也让学生折服。

据季羡林回忆，叶公超教一年级英语时，用的课本是英国女作家简·奥斯汀(Jane Austin)的《傲慢与偏见》。他的教学法可称奇特，他按照学生的座次让每个学生念一段，依次念下去。每次他一声令下：Stop！问学生"有问题没有？"如果没有，就让邻座第二个学生念下去。有人偶尔提一个问题，他断喝一声："查字典！"有次，有学生问他有的字在《英华合解辞汇》里查不到，他说："那个《辞汇》无用，烧了，要查《牛津大字典》。"①从此天下太平，再没有人提任何问题了。在西南联大时期，杨振宁和许渊冲为同窗好友，他们当时上叶公超的英文课，有一次，叶公超讲解美国女作家赛珍珠的《荒凉的春天》。杨振宁问叶："有的过去分词前用 be，为什么不表示被动？"叶却没有直接回答，反而问杨振宁："Gone are the days 为何用 are?"吓得杨振宁以后再也不敢直接向叶公超提问了。

叶公超上课有时兴之所至，也会有些令人难忘的幽默场景。有一次，他让学生翻译李白的《怨情》："美人卷珠帘，深坐颦蛾眉。但见泪痕湿，不知心恨谁。"翻译本就不容易，何况是

① 季羡林：《季羡林文集》第2卷，江西教育出版社，1996，第301页。

意蕴不可言破的古诗？于是学生们在下面小声嘀咕，不知如何下笔。后面一位大胆的学生喊道："George（叶公超英文名）！你叫我们翻译李白的《怨情》，可李白没有交代清楚，美人儿心中到底恨谁啊？"听了这话，课堂里先是一片安静，而后满堂哗然，大家都想听听老师如何回答。叶公超似笑非笑地说："Wait a minute."然后环顾教室，半眯着眼答道："我哪儿知道她的心里恨谁？我要是知道，也不叫你们翻译了！"学生们拍掌大笑。不过从他的教授方式来说，他却并不是完全刻板地灌输，而是指导学生从中找到诗的艺术和效果。

关于他的授课，其他同学也有不同的回忆。他在暨南大学时的学生温梓川说，他在暨南非常受同学欢迎，大概是在英国住久了的缘故，他说话坦率又风趣，上课时说的英文，真叫人听出耳油，不愿下课。翻译家赵瑞蕻回忆，叶公超当时讲授"18世纪英国文学"，他的授课颇有特点：先在黑板上用英文写下简明扼要的讲课要点，然后提纲挈领地加以解释说明，接着就是自由发挥和当机立断的评论。赵对他的教学法就颇为欣赏，认为这样既保证了基本理论和基本知识的传授，又能启发学生的独立思考和探索，并能培养学生高雅的趣味和准确可靠的鉴赏力。[1]

---

① 赵瑞蕻：《离乱弦歌忆旧游》，湖北人民出版社，2000，第2—3页。

他的"述而不作"曾被人批评为懒,不过叶公超对文学欣赏和批判却有独到见解,尽管他留下的文字书评有限,对于文艺理论研究倒是很有启发。季羡林回忆,叶公超曾注意到,在中国古代诗歌中人的感觉——或者只是诗人的感觉的转换问题。他举了一句唐诗:"静听松风寒。"最初只是用耳朵听,然而后来却变成了躯体的感受"寒",表明他对诗歌研究有独到之处。而且他是个爱读书之人,在暨南大学期间,他兼任图书馆馆长一职,真是如鱼得水。当时他还单身,就住在图书馆楼下一间小室,房间里堆满了书,床上椅子上都是,坐拥书城让同事也很羡慕。

与学生亦师亦友

不过在他的名士派头之下,叶公超却是个真诚、热心的人。他对学生很随便。有时学生在路上向他打招呼,他似乎像未看见;有时学生未见到他,他反而在路上大喊学生:"密斯特! 密斯特!"赵瑞蕻还记得,他的一个同学叶柽受叶公超赏识,毕业后留在西南联大任助教。有一次,叶公超敲门来找他,见到便说:"这几天穷得要命,你借我点钱,过几天还你,行吧?"叶柽问他要多少,他说:"五十吧!"叶柽便给了他。

叶公超对学生的进步政治主张甚为宽容、同情。"一二·

九"运动期间，清华园里人心惶惶，他在图书馆看到了学生华道一，当时华已因为参加学生运动上了黑名单。叶并不避嫌，主动告诉华，如果晚上没地方住，可以住到他家。后来华道一在老师的帮助下平安离开了清华园去避难。

他也欣赏有才华的学生，在北大任教时他极为赏识学生梁遇春的才华，两个人亦师亦友。毕业后，他便邀梁遇春到暨南大学任教，两个人又再度相伴，成为一段佳话。对于读书期间即才华显露的高足钱锺书，据说他曾半开玩笑与钱锺书说：你不该来清华，该去牛津念书的。他教授过的学生包括废名、梁遇春、钱锺书、卞之琳、王辛迪、常风、穆旦、李赋宁、许渊冲等，其中不少后来都成长为著名学者，可谓桃李满天下。

乱世显外交才干

看似生活中不拘小节，又懒得管事的他，却是个能办事的人。抗战全面爆发后，长沙临时大学出于安全的考虑，决定迁往昆明，全校师生分三路走，其中经香港走海路的人数较多，学校决定在香港设办事处负责师生接待，叶公超受命为主任。他克服种种困难，灵活而高效地完成了经港师生的接待安排工作。

另一桩则是和他家密切相关的事。他叔父叶恭绰是位收藏大家,在他的收藏中有一件闻名世界的宝物——青铜重鼎毛公鼎。抗战爆发后,叶恭绰家中有变故,他无法将收藏全部带走,十分担心鼎的安全,令侄子叶公超来处理。这时日本宪兵队接到消息,突袭叶宅,并关押叶公超,意图逼问出毛公鼎的下落。然而一介书生的他居然扛住日本人的审问和折磨,最后施计瞒天过海,得以带宝鼎脱身。这两件事足以体现叶公超在办事上是精明能干的。

然而日本侵华战争也彻底改变了他后半生的人生道路,到西南联大后不久,他便投身政界,此后未能再回学界。他曾说过,若不是战争的缘故,他或许不会走上仕途。他的后半生宦海沉浮,起起落落。在他不得志而只得寄情山水、"喜画兰,怒画竹"的岁月里,他或许也会怀想起那些单纯安静的校园时光吧。虽然他远离了校园,但那些曾经的师友故人们仍会记得他的风采。在他逝世后,老友程沧波在挽联中写道:"学术擅中西,零落山丘同一哭;达官兼名士,苍凉身世又谁知。"新闻记者郎静山写的是:"狂傲本奇才,唯贤哲多能,如此江山烟客逝;贱辰劳玉趾,忆清谈移晷,最难风雨故人来。"

朱自清：谦谦君子，温文尔雅

"他戴着黑布小帽，穿着黑布大马褂，深青布棉袍，蹒跚地走到铁道边，慢慢探身下去，尚不大难。可是他穿过铁道，要爬上那边月台，就不容易了。他用两手攀着上面，两脚再向上缩；他肥胖的身子向左微倾，显出努力的样子。"这是我们中学时代都读过的一篇散文《背影》。

朱自清的《背影》让我们记住了那个戴着黑布小帽，穿着黑布大马褂，深青布棉袍，肥胖却努力爬过铁道的父亲的背影。那种父子间深厚却无法用语言表达的感情深深打动了读者，多年以后读到朱自清创作《背影》背后的故事，更能体会他的性格与时代的无奈。

朱自清是现代著名的文学家、诗人、学者，他的散文清新质朴，多次被选入中学课本，影响了一代代学生，而他也在中国现代文学史上具有独特的地位。朱自清祖籍浙江绍兴，后随祖父、父亲定居扬州。1916 年入读北大预科，1920 年从北大哲学系毕业后，他开始了二十余年的教学生涯。

学生眼中的朱自清：认真的师者

朱自清读书期间，由于家中遭遇变故，家境困难，差点不能完成大学学业。毕业后，他便早早接受邀请，带着妻儿到杭州的浙江省立第一师范学校担任国文教员。在他学生的印象中，他是位谦和的教授，一位认真负责的老师。他中等身材，面庞清瘦，头发左偏分，戴圆边框的度数不太深的近视眼镜。日常着浅色西装时多，讲究整齐、笔挺，喜随时戴礼帽，给人以文质彬彬之感。

他热爱家乡扬州，有时向人自我介绍时，总是说："我是扬州人，祖籍绍兴，家住扬州。"谈话保持浓重的扬州口音，偶尔夹杂着"二八京腔"的词汇。

初登讲台的朱自清很珍视教学的机会，"从上讲台起，便总不断地讲到下课为止。好像他在未上课之前，早已经将一大堆话，背诵过多少次。又生怕把一分一秒的时间荒废，所以总是结结巴巴地讲。然而由于他的略微口吃，那些预备了的话，便不免在喉咙里挤住。于是他就更加着急，每每弄得满头大汗……"[1]其实他的结巴正源自想把更多的话带给学生。

---

① 魏金枝：《杭州一师时代的朱自清先生》，《文讯》第9卷第3期。

　　这位新诗人在中学生中受到热情的欢迎，他以他的认真负责和扎实的讲课内容赢得大家的尊重。1924年，朱自清来到宁波的浙江省立第四中学教高中文科国文。他自编教材，将鲁迅的《阿Q正传》《风波》等编入国文课本，详加解析，颇受学生欢迎。他一贯认真和蔼的教学作风，使得学生都乐于向他请教。有时，他的宿舍里挤满了学生，于是，他索性开辟第二课堂，在屋子之间置一张桌子，学生环桌而坐，他则汩汩滔滔，或阐明语源词意，或教以作法，往往达数小时。

　　在北京任教时，他曾被钱玄同邀请到北师大国文系兼课，讲"新文学概要"。后来成为著名语言学家的张清常在《怀念佩弦老师》中提道："他的这门课安排在星期六的下午……平常就常有人缺课，何况在星期六下午……出乎意料的是，选课听讲的特别多，只好安排在礼堂上课。一个学年从头到尾都是座无虚席，这个号召力可真大。"由此可见当年朱自清的课在学生中间受欢迎的程度。

　　他的课是认真准备，一丝不苟地带给学生的。学生吴祖缃回忆，上课时朱自清"一手拿着讲稿，一手拿着块叠起的白手帕，一面讲，一面看讲稿，一面用手帕擦鼻子上的汗珠。他的神色总是不很镇定，面上总是泛着红……他极少说他自己的意见；偶尔说及，也是嗫嗫嚅嚅的，显得要再三斟酌词句，唯恐说溜了一个字。但说不上几句,他就好像觉得已经越出了范围,极不妥当,赶快打住。于是连连用他那叠起的白手帕抹汗珠"。"他所讲的,若发现错误,下次上班必严重地提出更正,说:'对不起,请原谅我。请你们翻出笔记本改一改。'"①

但他却不愿意占用更多的时间说自己。有一次同学发现他的讲演里漏了他自己的作品,因而提出质问。他就面红耳赤,非常慌张而且不好意思。半晌,他才镇定了自己,说:"这恐怕很不重要,我们没时间来讲到,而且也很难讲。"有些同学不肯罢休,坚持要他讲一讲。他看让不掉,就想了想,端庄严肃地说:"写的都是些个人的情绪,大半是的,早年的作品,又多是无愁之愁。"此时的朱自清,已是颇有知名度的大作家,作品被选入课本,但在学生面前他却如此自谦,仍不失读书人本色。

他对学生作业是极度认真负责的,教中学时,计分有种特别的方法:画格子。譬如首格代表 90 分到 100 分,次格代表 80 分到 90 分,如果你第一篇作文得 85 分,他就在次格正中点一点;第二篇如得 93 分,就在首格中稍偏下的地方点一点,再把各点用线连接起来,由于点的升降,就可以一目了然,

---

① 吴组缃:《敬悼佩弦先生》,《文讯》第 9 卷第 3 期。

知道自己成绩的进退。用这种方法来激励学生努力改进提高，他也颇费苦心。

在清华教课时，朱自清开了一门课程"古今诗选"，他要求大家模仿写作，批改作业时他非常认真。吴组缃回忆道："朱先生改得可仔细，一字未惬，他也不肯放过。有一句好的，他也要打双圈。常常使我们拿到本子，觉得对他不起，因为我们老是不免有点混。"[1]朱自清开设的"新文学研究"课上，发的讲义有大纲，有参考书目，厚厚的一大沓。每星期得交一次读书报告。这种报告上若有什么可取的意见，发还的时候，他就会说："你这段话，我摘抄了下来，请你允许我。"

朱自清为了上好课，解答学生的问题，批改作业，往往会花费很多的个人时间，但他并不以此为苦，相反他一直希望把更多的东西教给学生。他乐于指导诗社，也非常愿意分享他的感受与心得，不论是爱好新诗的学生还是喜欢写作的学生，许多学生回忆起他的教学生涯时，都感到从中受益匪浅。

师友眼中的朱自清：谦谦君子

朋友们眼中朱自清的性格是少年老成、平和中正，他也自

---

[1] 吴组缃：《敬悼佩弦先生》，《文讯》第 9 卷第 3 期。

认为学习哲学的他是一个冷静的人,偏于理性。但他待人真诚,又能设身处地为人着想,因此性格并不外露的他同样赢得了一众朋友。

他在中国公学教书时结识了作家叶圣陶,两个性格相近的人越走越近。假日里,他们常会同去西湖,携友谈天,有时泛舟湖上,欣赏自然美景。两个年轻人惺惺相惜,叶圣陶对朱自清的描写也是生动的。1925 年,叶圣陶在《与佩弦》一文中,记下了他眼中的朱自清:

> 你每次来上海总是慌忙的。颧频的部分往往泛着桃花色;行步急遽,仿佛有无量的事务在前头;而遗失东西尤为常事,如去年之去,墨水笔同小刀都留在我的桌上。其实岂止来上海时,就是在学校里,课前的预备,我见你全神贯注,表现于外表的情态是十分紧张;及到下课,对于讲解的回省,答问的重温,又常常红涨着脸。你欢喜用"旅路"这类的词儿,我想借用周作人先生称玉诺的"永远的旅人的颜色"一语来形容你慌忙的神气,可谓巧合。我又想,可惜没有到过你的家里,看你辞别了旅路而家居的时候是不是也这么慌忙的。但我想起"人生的旅路"的话时,就觉得无须探看,"永远的旅人的颜色"大概总是"永

远的"了。

你的慌忙，我以为该有一部分的原因在你的认真。说一句话，不是徒然说话，要掏出真心来说；看一个人，不是徒然访问，要带着好意同去；推而至于讲解要学者领悟，答问要针锋相对：总之，不论一言一动，既要自己感受喜悦，又要别人同沾美利。（你从来没有说起这些，自然是我的揣度，但我相信"虽不中不远矣"。）这样，就什么都不让随便滑过，什么都得认真。认真得利害，自然见得时间之暂忽。如何教你不要慌忙呢！

是的，朱自清的步伐总是匆匆忙忙，有时还会丢三落四，他对自己的生活关心不多，但对学生、对朋友几乎有求必应。

朱自清的另一位朋友是俞平伯，他出身世家，在北大读书时便显露出极高的才华。朱自清因为写作新诗常常与俞平伯探讨，在朱自清眼里，自己的诗是真挚的，带有真感情的，但或许少了一丝艺术的想象和表现，俞平伯却对他的语言表示了很高的赞赏。俞平伯与朱自清在"民众文学"、新诗理论等方面见解不同，但这些都不妨碍两个人终身的友谊，在俞平伯眼里，朱自清的为人同他的诗歌一样，是质朴清新、真挚自然的，既无特示幽深，也不故作狂放，仿佛毫不经意地随手写出，却显得蕴藉而隽永,有一种内在的淳厚美。他的老友杨振声也有一段这样的评价:你同他谈话处事或读他的文章,印象都是那末诚恳、谦虚、温厚、朴素而并不缺乏风趣。对人对事对文章,他一切处理的那末公允,妥当,恰到好处。他文如其人,风华是从朴素出来,幽默是从忠厚出来,腴厚是从平淡出来。

清华园岁月:安稳却不宁静

1925年朱自清受邀到清华大学任教,从此,他的教学生涯与清华相连,终于结束了他前期不断转任的波折,开始了一段相对安稳的时光。

当时正值清华由留美预备学校向现代大学转换的时期,朱自清等国文系老师颇想做出一番成绩。尽管在清华这样的学校,许多老师都有留洋归国的背景,学生们也更看重外语而非国文,但他依然和同事们计划着在清华有一番作为。

当时,他为本系学生开课,拟教学计划,同时,作为新文学人物,他为了更好地教学,也主动向身边师友学习,利用休假时间,他埋头写作了《经典常谈》等介绍传统文学经典的著作。虽然这是面向学生的介绍性书籍,但为了写好它,朱自清做了大量的准备工作。

身为清华教授,朱自清的生活得到了保障,他终于有机会把妻儿带在身边，尽力弥补他作为丈夫和父亲的责任。然而，随着国际国内局势的恶化，他平静的生活也逐渐被打破。

朱自清早年曾参与五四新文化运动，也曾是壮怀激烈的热血青年，虽然时间的磨砺使他逐渐成为一个沉稳内敛的中年人，他也意识到自己或许无法成为那些先进的革命者，但他的心仍是向往民主、向着前方的。

他的另一篇著名散文《荷塘月色》正是写作于这样的背景下。1927 年，"国民革命"失败，国家再次陷入纷争。此时的朱自清虽然已经来到学术的殿堂清华，在这里寻找文学的理想，教书育人，但他的内心仍充满不安彷徨。他目睹军警对学生的迫害，目睹社会风气的转变，内心终究难以平静。于是，趁着夜色，他想来荷塘边走走，散散心，感受下夜的平静。

清华园的景致是很美的，夏季荷花盛放，夜晚来也别有一番风味。只见"曲曲折折的荷塘上面，弥望的是田田的叶子。叶子出水很高，像亭亭的舞女的裙。层层的叶子中间，零星地点缀着些白花，有袅娜地开着的，有羞涩地打着朵儿的；正如一粒粒的明珠，又如碧天里的星星，又如刚出浴的美人。微风过处，送来缕缕清香，仿佛远处高楼上渺茫的歌声似的。这时候叶子与花也有一丝的颤动，像闪电般，霎时传过荷塘的那边去了。叶子本是肩并肩密密地挨着，这便宛然有了一道凝碧的波痕。叶子底下是脉脉的流水,遮住了,不能见一些颜色;而叶子却更见风致了","月光如流水一般,静静地泻在这一片叶子和花上。薄薄的青雾浮起在荷塘里。叶子和花仿佛在牛乳中洗过一样;又像笼着轻纱的梦"。

月下荷塘边难得的静美让朱自清陶醉,也似乎吹散了他心中淡淡的忧愁。他继续走着,"猛一抬头,不觉已是自己的门前;轻轻地推门进去,什么声息也没有了,妻已睡熟好久了"。

朱自清笔下的文字自然地流淌,那种愁绪若有似无地徘徊。今天读来,感受到的不仅是文字的优美,更是那种深沉而浓厚的感情,那是作者内心的挣扎,也是那个大时代中个人无力的挣扎与不愿沉沦的感情。

然而,"七七事变"的爆发终于打破了本已摇摇欲坠的平静,清华、北大、南开师生开始了艰苦的南迁之路,最后在云南建起西南联大,在那个动荡不安的岁月里传承民族的精神和文明。此时的朱自清也随学校来到了云南。由于物资的短缺,严重的通货膨胀,曾经拿着不菲收入的教授们也开始了艰苦的生活。他们吃不到好米,自嘲那夹杂石子的饭为"八宝饭"。为了生活,有的选择自己动手开辟菜地,有的发挥专业所长兼职赚钱,于是,诸如闻一多治印的这类故事在教授中不断发生，而家中孩子众多、家累甚重的朱自清不得不四处兼课补贴家用。经济窘迫的他甚至无法维持教授的体面，寒冷的冬天，既没有大衣，又没有力量缝制棉袍的他买了一件赶马人披的毡披风。那便宜的毡披风又硬又土气，而他却坦然地披着出门。

对他来说更大的磨难来自他的身体，由于长期的紧张，他的胃病加重了，而在缺乏营养的后方他只能靠粗粮填肚子，胃病更加恶化。然而他无钱医治，也无法改变现状，渐渐地，他的朋友们发现他瘦了，老了，不再像以前那样步履匆匆，甚至佝偻了。

然而困难的环境却没有压垮他。那个谦谦君子心中的热情反而被唤起。清华十级班学生曾请精通音律的朱自清为他们写级歌歌词。面对江河破碎的祖国，朱自清写下了这样的歌词：

举步荆榛，极目烟尘，请君看此好河山。

薄冰深渊，持危扶颠，吾侪相勉为其难。

同学少年，同学少年，一往气无前。

极深研几，赏奇析疑，毋忘弼时仔肩。

殊途同归，矢志莫违，吾侪所贵者同心。

　　切莫逡巡，切莫浮沉，岁月不待人。

　　激昂雄壮的歌词，叩击着每个青年学子的心弦，激励着这些同学少年一往无前。他对学子的爱是深沉的，含蓄的。当十级生毕业时，他们已南迁到蒙自，朱自清到车站来为背着行囊的学子们送行。汽笛长鸣，车轮缓缓滚动了，朱自清的身影永远留在了学生的脑海中："清瘦面庞，中等身材，精神抖擞，站在蒙自车站的月台上，向着毕业生乘坐的快离去的个旧锡矿小火车挥手，频频地挥手，不住地挥手……直到车行了很远，还隐约看见他那高举着的礼帽影儿在远空中摇荡。"①这个剪影就仿佛当年他父亲为他送行的背影。

　　目睹国民党统治的腐败黑暗，联大师生发出了各种抗议，学生集会游行，教授们联名写公开信，他没有缺席，签上了自己的名字。他的同事闻一多走出书斋，走出古典文学的象牙塔，投入民主运动，他坚定地支持，还默默为闻一多分担了系里教学和管理的任务。当闻一多最终倒在了特务的枪口下，他写信安慰闻一多妻子，并主持了为纪念闻一多的编辑《闻一多全集》的任务。当时他的身体和精神已经很衰落，但他毅然

---

① 江苏省政协文史资料委员会编《荷塘边的不朽背影：回忆朱自清》，中国文史出版社，2019，第419页。

挑起了这副重担。

当有人告诉他妻子，朱自清已经上了暗杀名单，他妻子为他忧心忡忡时，他却劝慰妻子，他并不怕这些。

回到清华园后，目睹物是人非的朱自清感慨万千，他面对美国对日本的扶持，毅然在当时知识圈发起的《抗议美国扶日政策并拒绝领取美援面粉宣言》上签了字。1948 年，饱受胃病折磨的他离开了人世，他的告别式以很高的规格举行，他曾经的师友，清华的学生老师都为他送行。

他的老友许德珩对老同学的一生作了这样的评价：

　　教书三十年，一面教，一面学，向时代学，向青年学，生能如斯，君诚健者；生存五一载，愈艰苦，愈奋斗，与丑恶斗，与暴力斗，死而后已，我哭斯人。

这也很好地概括了他的一生。从北大毕业，他便登上讲台，他短暂的一生主要是在教书育人中度过的。他教书认真，对学生负责，为了完成教学任务，他不断学习，向身边人学习，向经典学习。回望他五十年短暂的人生，其中苦乐相伴。但艰苦的环境没有压垮他的意志，却让谦谦君子受到锤炼。他走出象牙塔来呼唤国民起来，他向往民主自由的秩序，而他也坚定地为之不懈奋斗。

他的一生是诗人,是学者,是教育家,也是民主战士,我们在他的文字中读到他的宁静与平和,却也能感觉到他的良知与纠结,他的细腻与善良。今天的清华园,许多游客会特意来到荷塘边,重温他笔下的《荷塘月色》:曲曲折折的荷塘上面,弥望的是田田的叶子。微风过处,送来缕缕清香,仿佛远处高楼上渺茫的歌声似的。在荷塘边还树有朱自清的塑像,他静静地望着荷塘,仿佛在思考。

闻一多：诗人、学者与斗士

  闻一多，现代著名诗人、学者。他出生于湖北，早年求学清华，在校期间即对新诗产生浓厚兴趣，后赴美学习美术，并关注新诗、新文学。他是"新月派"主要人物之一，著有诗集《红烛》《死水》等。曾先后在青岛大学、武汉大学、清华大学等高校任教，抗战期间任教于西南联合大学。期间主要从事古典文学研究，对《诗经》《楚辞》《周易》的研究有独特见地。在联大期间，他深刻体会到社会不公、政治腐败，思想上发生重大转折，以饱满热情投身于爱国民主运动，是民盟早期领导人。1946年他在昆明被暗杀，留下了振聋发聩的"最后一次的讲演"。他的清华同学、老友梁实秋曾撰文纪念他，怀念他作为诗人、学者与斗士的短暂而丰富的一生。

诗人闻一多

  据梁实秋回忆，在清华读书时期的闻一多就是文学方面的活跃分子，他积极组织"清华文学社"，邀请周作人、徐志摩等来做讲座。他阅读广泛，也从西方的文学批评理论中充分汲取养分,尤其沉醉于诗歌艺术的研究和写作。《女神》《冬夜》《草儿》《湖畔》《云朝》……几乎没有一部不加以详细地研究批判。他自己写的诗也很多,大部分发表于《清华周刊》的文艺增刊上,后来集结为《红烛》一书。他的诗歌创作注重格律之美,表现出了很高的审美意趣。

赴美留学时,闻一多初学美术,但不久他厌倦了重复的训练,却对新诗运动愈发感兴趣。美术的训练奠定了他一生审美和绘画的基础,也渗透到他的生活中,而在美期间他也有不少诗篇的创作。终其一生,闻一多始终保持着诗人的热忱和天真。他曾自制一个印章"其愚不可及",这个"愚"字触到了闻一多心灵性格的深处。愚,是一种内心的单纯,一种纯净。

1925 年,闻一多怀着一腔爱国热情和殷切期望提前回国。然而,回国后的景象却令他极度失望——国内军阀混战、帝国主义横行、民不聊生,闻一多的感情有失望、痛苦又夹杂极度的愤怒。在这种情况下,他写下了《死水》:

> 这是一沟绝望的死水,
>
> 清风吹不起半点漪沦。
>
> 不如多扔些破铜烂铁,

爽性泼你的剩菜残羹。

也许铜的要绿成翡翠，

铁罐上锈出几瓣桃花；

再让油腻织一层罗绮，

霉菌给他蒸出些云霞。

让死水酵成一沟绿酒，

漂满了珍珠似的白沫；

小珠们笑声变成大珠，

又被偷酒的花蚊咬破。

那么一沟绝望的死水，

也就夸得上几分鲜明。

如果青蛙耐不住寂寞，

又算死水叫出了歌声。

这是一沟绝望的死水，

这里断不是美的所在，

不如让给丑恶来开垦，

看它造出个什么世界。

诗人闻一多用他的笔来抒写内心，希望驱散旧世界的绝望和混沌，同时也以文学为力量，在讲堂上影响着一批批青年学生。他的执教经历丰富,曾先后任教于国立第四中山大学、武汉大学、青岛大学、北京艺术专科学校、清华大学、西南联合大学等。据他的学生严薇青回忆,早年在青岛大学时,闻一多是文学院院长并在英文系讲授英国诗。当时的他头发留得很长,梳到耳后,经常身着长袍,脚穿缎鞋,拿着手杖,颇有诗人的潇洒风度。在讲授英诗时,他将学生们的心情完全引入一种诗境。他说:"如果我们大家坐在一片草地上谈诗,而不是在这样一间大房子里,我讲你们听;坐在草地上,吸着烟,喝着茶……"①在武汉大学任教时,他已是颇具声望的诗人,在他开始讲"王国维及其同派诗人"课时,十分受学生欢迎,有的站在窗外听他讲课。

闻一多在西南联大教书时,主讲"诗经""楚辞""古代神话""唐诗"等课程。郑临川回忆闻一多讲唐诗的场景,"上课前,先生长衫布履,手提一只褪了色的旧布袋,目光炯炯地走进教堂,端了一张空着的木椅坐下来,然后把布袋挂在椅背上,从容掏出那只似乎是自己用竹根雕制成的小烟斗,装上烟丝,静静地抽着休息","上课铃一响,就立刻收拾好烟斗,从口袋里抽出讲稿,温文地打开,开始了妙语如珠的

---

① 臧克家:《臧克家回忆录》,中国工人出版社,2008,第180页。

课堂教学。那美髯飘拂的丰姿，恰似一座神采奕奕的绝妙的诗人艺术塑像，特别是讲到得意处而掀髯大笑的时候，那光景更动人了"。[1] 汪曾祺回忆起他上课时的场景，很有画面感，他上"楚辞"，只见"闻先生点燃烟斗，我们能抽烟的也点着了烟(闻先生的课可以抽烟的)，闻先生打开笔记，开讲：'痛饮酒，熟读《离骚》，乃可以为名士。'"[2]他讲课是真正的"图文并茂"，如伏羲女娲，本来是相当枯燥的课题，但闻先生的讲法却别具一格：他用整张的毛边纸墨画出伏羲、女娲的各种画像，用摁钉钉在黑板上，口讲指画，有声有色，条理严密，文采斐然，高低抑扬，引人入胜。

他也是一个好"演员"，他"讲课时，不是照念讲稿，而是像进入了角色的演员，通过熟练生动的台词，把剧中人物活生生地展现在观众面前，语言是那么精炼、形象而又富于诗意"[3]。他用他独特的方式演绎诗歌的内涵，不像别人那样枯燥死板，而是用他诗人的想象力和充沛的灵感，把尽管是几千年的古董也依然处理得极富有趣味。比如他讲《九歌》，就采取完全

① 郑临川：《春江明月在　懿范讵能忘》，载赵慧编《回忆纪念闻一多》，武汉出版社，1999，第 299 页。
② 汪曾祺：《我在西南联大的日子》，山东画报出版社，2018，第 134 页。
③ 郑临川：《春江明月在　懿范讵能忘》，载赵慧编《回忆纪念闻一多》，武汉出版社，1999，第 299 页。

不同的方式。他曾用低沉的声音向听众说:"在很远很远以前的时候,许多人围绕着一堆熊熊的火,唱着他们自己的歌声……"就用这种诗意的话开始,他带大家走进《九歌》的世界。

他讲唐诗颇具新意,把晚唐诗和后期印象派的画联系起来。讲李贺,同时讲到印象派的 pointlism(点画派),说点画看起来只是不同颜色的点,这些点似乎不相连属,但凝视之,则可感觉到点与点之间的内在联系。能够这样讲唐诗,也正因为闻一多本人兼具艺术家的审美与诗人的鉴赏力,能把不同艺术门类之间的感觉打通。

他教古代神话,非常"叫座",不单是中文系、文学院的学生来听讲,连理学院、工学院的同学也来听。当时联大的学院四散在各处,工学院在拓东路,文学院在大西门,听一堂课得穿过整整一座昆明城。但听闻先生讲课让人感到一种美,思想的美,逻辑的美,才华的美。听这样的课,穿一座城,也值得。

他鼓励、爱护学生读新诗,创作新文学。1930 年,任教于青岛大学的闻一多在考生中发现了一个特殊的人才,来自山东的考生臧克家作文只写了 3 句杂感:"人生永远追逐着幻光,但谁把幻光看做幻光,谁便沉入了无底的苦海。"臧克家当时数学考试没有通过，但他幸运地碰到了慧眼识珠的闻一多。闻一多从他短短的 3 句杂感中看到了这位青年身上的潜质和才华，臧克家终于迈入了青岛大学的校门。由于他的才华受到闻一多赏识，闻一多主动帮他联系出版诗集，让这位青年得以崭露头角。

学者闻一多

闻一多过去以诗歌创作闻名，是个新诗人，而任教大学后，他却教授古典文学，并颇有新解，这背后是一个学者、一个多才多艺的文学家的勤奋与天赋。

任教于武汉大学之后，闻一多开始致力于中国古代文学研究。从古代诗歌、古代神话到古文字学、音韵学、民俗学等，他涉猎之广，研究之深令人惊叹。他转到清华大学时，也在中文系教课。当时以新诗人闻名的他，讲古代文学也颇受到一些年龄相仿的学生的挑战。他学生吴组缃回忆，"闻先生的文人气质很浓，他是新诗人，却讲古代文学，所以总觉得同学不满意。那时，清华同学与老师年龄相差不太多，有的已在刊物上发表过文章，因此认为自己不比老师差。再说当时文学史上占统治地位的是古代文学，朱自清讲中国新文学研究，有很多人反对。同学们中间确实有人存有闻先生是新月派，教不了古代文学的想法"①。但闻一多最终用他的广博征服了学生。

在北大兼课时,他先后开过"诗经""楚辞"等课。他讲课不受旧日《诗经》传、注、笺、疏及《楚辞》补注、集注等限制,而是从甲骨、金文等古文字和声类通转入手,并参酌《尔雅》《方言》等书,旁征博引,例证兼备,很有说服力。因此,不时订正旧说,别有新义。大家听了他的课,对他转攻古典文学,竟然也有如此惊人的造诣,钦佩之余,深感诧异。后经北大中文系教授罗庸先生谈起,才知道他几年来颇下了一番苦功,钻研训诂、声韵之学,废寝忘食,以致形成严重的胃病。

闻一多治学勤奋在联大的教授中也是出了名的。当时联大内迁到云南后,他在蒙自待了一年。尽管生活和研究条件非常艰苦,闻一多还在专心治学,他把自己整天关在图书馆里。那时不少教授爱起斋名,如朱自清的斋名叫"贤于博弈斋",魏建功的书斋叫"学无不暇"。因为图书馆在楼上,总是埋头书海的闻一多总不下楼,有一位教授便戏赠闻一多一个斋主的名称"何妨一下楼主人"。

---

① 闻黎明、侯菊坤编《闻一多年谱长编》,湖北人民出版社,1994,第441—442页。

斗士闻一多

"七七事变"后，抗战全面爆发，日本加快对华北的侵略，清华、北大、南开三所大学决定南迁。学校首先来到了长沙，但由于日本频繁的轰炸，1938年1月底，学校得到教育部批准后决定进一步西迁至昆明。按照当时的计划安排，一些教授先行赴滇。学生中有的选择从军或到战地服务，也有不少到西北去学习。剩下来要继续念书的分作两群，一群是体格欠健、不愿步行的男学生和所有的女学生，乘火车到广州，转香港，经海防，由滇越铁路去昆明，另外有男学生200多人组成了"湘黔滇旅行团"，采取军事化管理，徒步赶赴昆明。在步行团中，还有一个辅导团，包括11位助教讲师和教授，闻一多就是其中的一位。

当时他已是年近40的中年人，但抗战重新燃起了他的斗志，他仿佛又回到了"五四"时期的青年时代，于是他放弃乘车坐船的舒适，选择了几千公里的步行，用精神上的最大的准备，去接受体力的疲乏。一路跋山涉水，他是为数不多坚持到底的老师。不仅如此，这一路上他一路走一路写生，画风景，记录西南边地少数民族的风土人情。这一次长征，他留起了飘然的美须，原本这是因为道上疏懒不便而逐渐长成的。当队伍在昆明同学的欢迎声中立定的时候,诗人向他的同伴宣称,这一把胡须因抗战失利而留起,便一定要等抗战胜利才剃掉。这个美髯也成为闻一多的标志之一。

联大的生活是艰苦的,随着通货膨胀的加剧,物价飞涨,教授们也逐渐入不敷出,对于家累重的闻一多来说,生活尤为艰苦。尽管如此,他仍保持着信心与豁达。那时候有人对他的困窘表示同情,他淡然地回答那个好心肠的人:"我们过去享的福也太多了,现在吃点苦也是应该的。……这,是战争中必然的情形。"

为了谋求生计,有的老师选择去其他学校兼课,有的自制用品出售补贴家用,闻一多治印的事也广为流传。他在钻研金石学中受到很多启发,用他的所长治印养家。当时由浦江清起草了《闻一多教授金石润例》,称他"黄济叔之长髯飘洒,今见其人;程瑶田之铁笔恬愉,世尊其学",为他打宣传广告,由梅贻琦、蒋梦麟、熊庆来三位大学校长和冯友兰、杨振声、姜亮夫等著名教授为之签名,签名者中除了闻一多在文学院方面的同仁朱自清、罗常培、唐兰、沈从文等,还有社会学方面的潘光旦。闻一多为他的邻居华罗庚专门刻过印,边款题字为"顽石一方,一多所凿,奉贻教授,领薪立约。不算寒碜,也不阔绰。陋于牙章,雅于木戳。若在战前,不值两角"。给历史学家孙毓棠刻的一方姓名印附上边款，闻一多便与其许下了"非抗战结束不出国门一步"的誓言，单刀直入地表达其当时的心境，誓死也要与国家共存亡。闻一多刻的每一方印章都包含他独特的设计和心意，也生动表现了他的思想与性格。

随着抗战胜利，国共两党斗争逐渐加剧，而国民党的腐败统治在后方也引起了各阶层人民的极大不满。在学校内爆发了青年学子游行、教授请愿等活动。身处"象牙塔"，埋头古典文学研究的闻一多在对社会的观察中更加萌发了民主斗争的情绪。尽管他早年即投身五四运动，为了与校方斗争坚持不屈服，甚至被迫晚一年出国留学，但本质上，他并不是一个政治人物。更多时候他是出于知识分子的良知和公心去支持民主爱国的运动。他痛恨国民政府贪污腐败，压制民主，反对蒋介石一意孤行，发动内战。面对联大青年学子的热情，他积极参与并支持学生参加反对国民党独裁和争取民主的斗争，为学生题字："不自由，毋宁死！"此时，他作为诗人的热血和信念又一次迸发出来。

在"白色恐怖"最灰暗的气氛中，民盟中央委员李公朴惨遭暗杀，许多朋友提醒闻一多要注意，因为他早已上了特务的"黑名单"。但他对朋友的劝说却一笑置之，表示他已将生死置之度外。在李公朴的追悼会上，他不顾家人朋友的劝说，毅然前往,并发表了慷慨激昂的"最后一次的讲演",表示了"随时像李先生一样,前脚跨出大门,后脚就不准备再跨进大门"的决心。当天他就不幸遇害了。朱自清在他的追悼会上悼念这位爱国的诗人,他曾写诗这样描述闻一多:

你是一团火,照彻了深渊;

指示着青年,失望中抓住自我。

你是一团火,照明了古代;

歌舞和竞赛,有力猛如虎。

你是一团火,照亮了魔鬼;

烧毁了自己! 遗烬里爆出个新中国!

他的学生臧克家手书了鲁迅的名篇《有的人》献给他敬爱的闻一多:

有的人活着,他已经死了;有的人死了,他还活着……

闻一多是 位诗人,他用热情感染了学生和广大的读者;他是一位学者,用他的灵性走进古典文学的世界,始终保有一颗赤子之心去面对这个世界；他也用实际行动践行了自我的价值，用生命的火照亮了那一沟"死水"。

本章参考书目

1. 陈平原、夏晓虹：《北大旧事》，北京大学出版社，2009年。

2. 胡适：《四十自述》，民主与建设出版社，2015年。

3. 胡适：《胡适的声音——1919—1960：胡适演讲集》，广西师范大学出版社，2005年。

4. 叶崇德：《回忆叶公超》，学林出版社，1993年。

5. 叶公超：《叶公超散文集》，洪范书店，1979年。

6. 陈子善：《叶公超批评文集》，珠海出版社，1998年。

7. 秦贤次：《叶公超其人其文其事》，传记文学出版社，1983年。

8. 叶公超：《新月怀旧：叶公超文艺杂谈》，学林出版社，1997年。

9. 符兆祥：《叶公超传——叶公超的一生》，懋联文化基金出版社，2003年。

10. 傅国涌：《叶公超传》，河南人民出版社，2004年。

11. 汤晏：《叶公超的两个世界：从艾略特到杜勒斯》，卫城出版，2015年。

12. 张胜蛟:《文学艺事外交：叶公超传》,近代中国出版社,1988 年。

13. 季羡林:《有憾无悔：季羡林回忆录》,中国工人出版社,2010 年。

14. 许渊冲:《梦与真——许渊冲自述》,河南文艺出版社,2017 年。

15. 张曼菱:《西南联大行思录》,生活·读书·新知三联书店,2019 年。

16. 许纪霖:《安身立命：大时代中的知识人》,上海人民出版社,2019 年。

17. 姜建:《朱自清》,江苏人民出版社,2012 年。

18. 朱自清:《朱自清散文集》,北方文艺出版社,2018 年。

19. 史靖:《闻一多的道路》,生活·读书·新知三联书店,2012 年。

20. 梁实秋等:《自由的人：民国文坛忆往》,岳麓书社,2017 年。

21. 杨倩、许毕基:《名家留学记——大师们的留学生活》,济南出版社,2010 年。

校园生活篇：
曾经的大学生活面面观

　　步入大学对许多青年学子来说犹如打开了一个新世界，大学里面的一切仿佛都与中学时代截然不同：各色风味食堂为来自五湖四海的学子奉上一道道口味地道的家乡菜，聊慰学子的思乡之情；偌大的图书馆设施一新，灯火通明的书桌前坐满了自习的学生；体育馆里随处可见矫健的身影，或在跑步，或在打拳，或在打球，汗水从他们脸上淌下，映衬着那活力四射的面庞；下课之后每个人都行色匆匆，他们赶向不同的目的地，有人去运动场上锻炼，有人去音乐教室排练……

　　每个人的节奏都不一样，但你也不用担心，因为这里提供了更大的舞台，让你在大学里更多地展现自我，发展自我，无论是去参加辩论、去演讲，还是在大学的舞台上一展歌喉，在青年组织中编刊物、出报纸，总之，这个环境鼓励你去创造、去实现。这里永远不会缺少志同道合的朋友，你们可以在校园里仰望星空，畅谈人生理想；你们也可以在工作室热烈讨论，为共同完成一个项目、一个任务而努力奋斗。不少人正是在大学的校园里开始了自我的探索、职业与兴趣的实践。

对那些大师们来说，他们的校园生活又有哪些趣事逸闻呢？不妨来看看他们精彩的故事吧。

当年北大校园里的"扫地僧"

新闻里有时会看到这样的励志故事：学校保安利用业余时间旁听学校课程，最后通过考试取得学位，在大城市谋得一份安身立命的体面工作；食堂师傅受到大学生影响，在学生和老师的帮助下苦学外语，最后通过四六级考试，甚至取得托福高分。这些身份不同却同样求知若渴的身影在曾经的北大校园也是一道独特的风景，他们有个共同的身份："偷听生"。他们身上散发着克服万难、凿壁借光的学习热忱，在他们中间后来走出了不少知名人物，不妨通过他们的故事来看看北大校园中曾经活跃的另一类群体，感受下课堂内外的世间百态。

第三类学生："偷听生"

冯友兰先生回忆，按当时的说法，北大有三种学生：一种是正式学生，是经过入学考试进来的；一种是旁听生，虽然没有经过入学考试，可是办了旁听手续，得到了许可；还有一种是偷听生，既没有经过入学考试，也未办旁听手续，未经许可，自由来校听讲的。[1]

正式学生自不用解释,"旁听生"这样的身份在当时也不少见。翻译家杨绛当时原本已就读于东吴大学,但她不喜欢原来的专业,经朋友鼓励准备投考清华。由于错过了当年的考期,她初到清华时,便是借读身份,经过一年旁听课程和正式考试,隔一年才正式考入清华。而杨亮功(后为知名教育学家)初入北大时,因错过考期,也是以"旁听生"的身份在北大学习的。他们旁听多半是为了方便在学校准备复习应考。

而课堂上还会有一些未选课却跑来听课的学生,这些校内或校外的学生,便是"偷听生"了。季羡林在清华就读时就曾广泛听课,慕大师之名,他曾听过朱自清、俞平伯、郑振铎等诸多先生的课,也没有发生过什么不受欢迎的情况。不过在冰心的课堂上却碰了一次壁。当时冰心在文坛已颇有文名,慕名而来听她课的学生坐得满满当当,第一堂课上冰心便威仪俨然地对他们下了逐客令:"凡非选修此课者,下一堂不许再来!"[2]

"偷听生"听起来似乎不那么登大雅之堂,不过据千家驹回忆,这里的"偷",并非偷偷摸摸的意思,也不含有歧视或侮

---

[1] 冯友兰:《我在北京大学当学生的时候》,载陈平原、夏晓虹编《北大旧事》,北京大学出版社,2009,第165—166页。
[2] 季羡林:《清华园日记》,青岛出版社,2015,第172页。

辱的意义，与正式生不同的只是他们不得参加学期或毕业考试，也无学分可得。而且在大多数时候，学生并不会因为身份的不同而受到差别待遇。所以"偷听生"虽然不是北大正式注册在籍的学生，但在北大的校园里，他们几乎与学生平分天下。课堂里有他们的身影，图书馆里他们在苦读。

马叙伦曾对校长蔡元培说，北大有五公开，一是课堂公开，不管有没有学籍，都随便听课。有时旁听生来早了先抢到座位，迟来的正式生反而只好站后边。二是图书馆公开，可以随便进出。三是浴室公开，莲蓬头反正一天到晚开着，什么人都只管去洗。四是运动场地公开，操场上外校学生有时比本校的还多。五是食堂公开，北大的学生食堂都是包出去的小饭馆，里外用膳价格一个样。[①] 热心平民教育的蔡元培听了很是表示赞同。于是敞开的北大校园给这些"偷听生"们带来了极大的精神慰藉，而"偷听生"们的活跃也成为北大一道独特的风景线，为北大开放包容的校园精神做了一个最好诠释。

偷听生的聚集地："拉丁区"

初看这一标题，或许会让人有些困惑，稍做解释一下，这

---

① 牧洲、牧小编《北大故事：名人眼中的老北大》，中国物价出版社，1998，第31页。

里的"拉丁区"是指在当时北平北大沙滩周围的一块区域,里面很重要的一部分住户,便是北大的"偷听生"。

胡适曾在《独立评论》上写过专文《北平的"拉丁区"的短记》,这里面对"拉丁区"有这样的介绍:有人说,北平的沙滩一带,从北河沿直到地安门,可说是北平的"拉丁区"。在这里,有许多从各地来的学生,或是准备考大学,或是在北大的各系"偷听",或是自己做点专题研究。①

这些慕名而来的学生往往经济上并不宽裕,他们有的没有固定职业,有的靠打零工维持基础的生活。散文家钦文当年就是个失业的小学教师,他交不出学费,也负担不起连续读书。翻译家金克木当时只是个自学青年,没有工作,只能靠向各报刊投稿写诗拿点微薄的稿费来维持生活。

缺乏稳定经济来源的他们无法负担高昂的生活开销,在他们聚居的"拉丁区"里,物质条件显得相当局促:不干净的毛房,雨季从墙里面往外渗的霉气,每天早晨你得拉开嗓门洪亮地喊"茶房!打水!"。这些小公寓通常是一个不太大的四合院,院中种上点鸡冠花或者牵牛花之类,甚至有时有金鱼缸,但多半是并不十分幽美的。东西南北一间间的隔得自成

① 胡适:《北平的"拉丁区"的短记》,《独立评论》1934 年 131 号。

单位，里面一副铺板，一张窄窄的小书桌，两把凳子，洗脸架，运气好也许还有个小书架。地上铺着大小不一的砖，墙上深一块淡一块，裱糊着发了黄或者竟是发黝黑的白纸，衬着那单薄、残废、褪色的木器，在16支灯光下倒也十分调和。公寓的钟通常比学校的快半点，这样，老板娘夜间好早点关电门。[①]小小的房间，不亮的灯光，拥挤、潮湿、幽暗，或许是"拉丁区"里日常生活的写照，但并不妨碍这里挤满了来自全国各地的青年学子。

虽然这里的居住条件相当艰苦，但优势在于生活费用低廉，而正是这一点打动了那些囊中羞涩却一心向学的青年的心。"公寓的房钱，好一点的四五块钱够了，坏一点的一两块就成，茶水、电灯、用人，一切在内。吃饭，除附近的便宜小饭馆外还有最便宜者，几分钱就可以吃饱一顿。"[②]另一个突出的优势则是它邻近北大和北平图书馆，那正是读书人向往的天堂。窗明几净的北大图书馆、浴室和球场，更有北大之门随时向人敞开着，使"拉丁区"成为求知者念念不忘的乐土。在北大的课堂、图书馆，到处都能看到他们的身影，而最最重要的是他们能有机会听到北大名师的课，一睹名师风采。

---

① 朱海涛：《"拉丁区"与"偷听生"》，《东方杂志》40卷15号，1944年8月。
② 朱海涛：《"拉丁区"与"偷听生"》，《东方杂志》40卷15号，1944年8月。

"正式生不如旁听生，旁听生不如偷听生"

北大的气氛一贯被认为是宽松甚至有些散漫的，当时有人这样打比方说，"北京大学是把后门的门槛锯下来，加在前门的门槛上"。意思是，北大进门很难，需要通过考试选拔才能进，门槛高，要求严格；但只要能进去便可高枕无忧了，就算混混也可以毕业，因为后门没有门槛阻挡了。

关于这样的评价，不少北大学生在回忆中也曾谈到过。千家驹在《我在北大》中提出："北大是一个以'自由主义'著称的学府。'自由主义'表现在学生生活作风上，就是自由散漫，甚而近于无政府主义。上课随随便便，考试纪律松弛。"[①]在这样的氛围下，对于学生上课、考试这样的情形，一般教师并不特别看重。学生爱上就上，不爱上就不上。

虽然到了后期，学校在管理上也做出一点改变，会分送点名册给教员，希望老师花点时间，随堂点名。不过据千家驹回忆，一般老师点名往往也就是走个形式，并不特别较真。"教师上课，除了第一、二次老师为了要认识一下同学的相貌，点一下名外，一般是不点名的。点名由注册课职员办理。注册

① 千家驹：《我在北大》，载陈平原、夏晓虹编《北大旧事》，北京大学出版社，2009，第 217 页。

课职员拿了点名册走进教室,因学生的座次是固定的,他看到座位上有人(不管坐的是张三还是李四),就划个'到',座位空着,就划'缺课'。每当名教授上课时,课堂坐得满满的,例如鲁迅先生上课,常有别系或别校学生前来听课。注册课职员一看便走,也用不着一一划'到'了。"①

这样的点名难免闹出笑话,有位教授是"守法户",堂堂点名,而代表者答"到"如流,仿佛全体出席。某次点名完毕后,抬头一望,人影寥寥,老师不禁慨然叹曰:到都到了,就是见不到多少人!

按照学校的规定,注册选课的学生自然要通过考试才能获得学分,不过那些因为各种原因旷课一半以上,不能参加期末考,不能得学分,不能毕业的学生也不必着急,只要去求管点名的先生擦去几次,而先生总是慨然应允②。

不过,据老北大学生张中行回忆,北大学生的"翘课"有时候也情有可原,社会上对北大这样的批评也不完全正确。他指出,北大学生往往有自己独立的想法和判断,不上课背后有种种原因或种种想法。比如有的课不值得听;有的课,上课所

① 千家驹:《我在北大》,载陈平原、夏晓虹编《北大旧事》,北京大学出版社,2009,第217—218页。
② 张中行:《红楼点滴》,载陈平原、夏晓虹编《北大旧事》,北京大学出版社,2009,第370页。

讲与讲义所写无大差别，可以不重复去听；有的课，内容不深，自己所知已经不少，等等。[1] 这类不上课的人，上课时间多半在图书馆。正因为这样，那些常常不上课的人，反而也许是成绩比较好的；所以在教授一面，也就会有反常的反应，对于常上课的是亲近，对于不常上课的是敬畏。

而且"翘课"这样的事在当时学生心目中，似乎也没什么大不了，或许还有不少惺惺相惜的志同道合者呢。柳存仁在英文课上听到加拿大幽默作家斯蒂芬·里柯克（Stephen Leacock）著的 *Oxford As I See It* 中的一段话："英国牛津大学的讲书虽然每天都有，然而却是很陈腐的，你去听听也好，不听也没什么。"[2]这海外知音的一番话让他颇生同感，因为他们不愿上课时，还可以在图书馆"开矿"[3]，在宿舍里睡睡觉，到中山公园的柏树底下遛弯儿，到天安门外的石栏杆旁去看晚霞，有着各式各样的选择。

在这样的背景下，"偷听生"反而常常成为维护课堂上座率的中坚力量，在当时的北大就流传着这样一句话："正式生

---

① 张中行：《红楼点滴》，载陈平原、夏晓虹编《北大旧事》，北京大学出版社，2009，第 370 页。
② 柳存仁：《不是乃化简》，《宇宙风乙刊》36 期，1941 年 1 月。
③ "开矿"是 20 世纪 30 年代左右清华学生对泡在图书馆学习的戏称。——编者

不如旁听生，旁听生不如偷听生。"北大开设过许许多多非常小众的课程，有时候老师和学生一对一上课，有时候课堂里没选课的比选课的还多，他们有的是慕名而来却不为学分，这样"偷听生"平时来上课捧场，考试时正好腾出位子给正式学生，也让课堂保持如常舒畅。

张中行便亲身体验过这样奇妙的待遇，他毕业后，有一次随老友曹君去听梁思成在北大讲的建筑史课，正好是最后一次课，讲完后梁思成问大家："课讲完了，为了应酬公事，还得考一考吧？诸位说说怎么考好？"听课的有近 20 人，却没有一个人答话。梁思成又问一遍还是没有人答话。他恍然大悟，便问："那就先看看有几位是选课的吧，请选课的举手。"没有一个人举手。梁先生笑了，说："原来诸位都是旁听的，谢谢诸位捧场。"说着，向讲台下作一个大揖。① 想必他们都是冲着梁思成的名头和课去的，至于学分考试，对老师和学生似乎都不是那么重要了。

在这种精神的指引下，旁听生不仅不会被另眼相待，那些优秀的、表现突出的还会受到先生的帮助和关心。"只要你愿意，你可以去听任何一位先生的课，决不会有人来查问你是不

① 张中行：《红楼点滴》，载陈平原、夏晓虹编《北大旧事》，北京大学出版社，2009，第 371 页。

是北大的学生,更不会市侩似的来向你要几块钱一个学分的旁听费。最妙的是所有北大的教授都有着同样博大的风度,决不小家气地盘查你的来历,以防拆他的台。因此你不但可以听,而且听完了,可以追上去向教授质疑问难,甚至长篇大论地提出论文来请他指正,他一定很实在地带回去,很虚心地看一遍(也许还不止一遍),到第二堂带来还你,告诉你他的意见。甚至因此赏识你,到处为你揄扬。"[1]

何兹全记得念书时候,有一次胡适上课,拿出一张纸来,说:"你们谁是偷听的,给我留下个名字。没有关系,偷听、正式听,都是我的学生,我想知道一下我的学生的名字。"[2]钦文多年之后依然记得与鲁迅先生的一次交往:他和几个朋友去听鲁迅的课,下课以后鲁迅先生邀请大家一起吃点心,就在沙滩红楼的一边。钦文曾深情回忆起早年的那段时光,在他离开家乡,在北京漂泊的日子,物质生活上非常艰苦,穿着南方的竹布长衫,又旧又破,吃饭照例挑最便宜的老豆腐,炒白菜,但"沙滩"给了他无限的温暖,衣服不够的他,在沙滩红楼却只觉得暖烘烘的。[3]

---

① 朱海涛:《"拉丁区"与"偷听生"》,《东方杂志》40卷15号,1944年8月。
② 何兹全:《师道师说》,东方出版社,2006,第8页。
③ 钦文:《忆沙滩》,《文汇报》1959年5月4日。

搭上"末班车"的幸运儿

"拉丁区"里这些怀揣梦想的"偷听生"们为了求知的心愿而聚集到了这里，在这些"偷听生"中后来也走出了不少的大家，其中有个幸运儿通过他的努力搭上了一班"末班车"，改变了人生境遇，那就是后来著名的哲学家、翻译家金克木。他在《末班车》一文中回忆，正是在北大的沙滩红楼，他无意中搭上了人生中的一班"末班车"，那是外国文学系法文组的一个班，而他还是个"无票乘车者"，不是学生。由此开始了他"和外国文打交道"的经历，"可说是一辈子吃洋文饭"。①

年轻时的金克木刻苦自学法文，在同学的推荐下来到北大听课。他去北大外文系法文组法籍教授邵可侣先生的班上听课，学习法文发音。在法文阅读课中，每次布置作业，总有一份完成得很好、非常正确和详尽的作业答案交上来，但从来没有写过名字。这引起了教授邵可侣的好奇，他很想知道这个学生是谁，于是有一次他特意改变过去发还作业的办法，在下课前自己亲手发到每个同学手里。最后他终于找到了这份作业的主人，那是个坐在教室后排的瘦瘦的青年人。当金克

---

① 金克木：《末班车》，载陈平原、夏晓虹编《北大旧事》，北京大学出版社，2009，第249页。

木怯生生地,而且十分歉然地说他不是外文系的学生,也不是北大的学生,而是校外来旁听的时候,邵深受感动,立即把自己的住址写给他,约他下午到寓所详谈。

经过详谈,邵知道金克木是一个自学青年,当时也没有工作,只是向各报刊投稿写诗拿点微薄的稿费维持生活。为了自学法国文学,金克木才来到北大旁听法文课。邵可侣先生非常同情金的处境,也深为他的苦学精神所感动,随即叮嘱他安心继续听课,并拿出几十元钱给金作为生活补助,请金每周来一两次帮他处理一些文字工作。

之后不久,邵可侣先生写信给北大文学院院长胡适,信中他介绍了金的苦学经过,请胡适考虑给金安排一个固定工作。胡适见信后约见了金克木,详细了解了金的情况,随即安排金到北大新建的图书馆工作。回忆起在北大图书馆工作的那段日子,金克木感到收获良多。并且后来通过邵的推荐和圈中结识的友人,金克木也有机会去湖南大学文学院教法文,后又任教于武汉大学哲学系。这班北大法文组的"末班车",成为金克木从教生涯的"头班车",对那样一个好学而苦于缺乏机会的青年来说,人生际遇有时候就这样不经意地改写了。

在开放包容的北大课堂和图书馆,曾留下不少名人的身影,包括沈从文、丁玲、冯雪峰、瞿秋白等,他们中的不少也曾是以"偷听生"的身份来到北大的。北大的空气感染了他们，并在他们的人生道路上投下知识的火种，留下深深的印迹。一位体验过沙滩公寓生活的人这样描述他见到的"拉丁区"小公寓的印象："小小的房，小小的煤炉已经冷冷的只剩下了一点烬火，万籁俱寂，一支短短的洋烛，伴着那位朋友伏案疾书。"①这黑夜中的微弱烛光点亮了不少背井离乡的"北漂"青年的人生道路，他们在北大的课堂上求知，并用自己的知识和智慧改变了人生命运。

在今天的北大课堂上也时常能看到不少来"蹭课"的同学，他们中有的是外系的学生，也有不少来自周边各高校，甚至其他省份的学子。为了一睹课堂上的名师风采，他们甚至会跨越半个城市赶来，一些知名教授的课常常需要提前占座。在济济一堂的北大教室中，台下的人身份也不尽相同，这当中有学生、进修的老师，甚或有些是保安、校工，就是利用工余时间来"充充电"。有时他们也会问同桌借个笔记，或者在食堂蹭个饭卡，他们或许就是今日的"偷听生"，而在他们中间也诞生了不少奇迹，正是知识之光薪火相传的精神，和有教无类的教育理念，让开放包容的北大精神代代相传，也让学术之光照亮普罗大众。

---

① 朱海涛：《"拉丁区"与"偷听生"》，《东方杂志》40 卷 15 号，1944 年 8 月。

食在清华的记忆：食堂、自助餐与"小桥食社"

多年后回忆起大学时光总是会有很多回味，这里面肯定少不了食堂的饭菜"香味"。那些我们景仰的民国老先生们同样留下了生动的回忆。要评比民国大学食堂，清华园可值得一提，丰富的选择、低廉的价格，还有那些与吃饭有关的趣事，令学子们多年以后也难以忘怀，看来"食在清华"是学校的优良传统之一了。

清华园位于北京西郊，原址是清代园林。论硬件条件，清华的校园在当时的国立大学中是首屈一指的。它的设立颇有故事，当时美国政府提出愿向清廷退还部分庚子赔款，并指定其须用于教育方面。于是，在1911年由外务部和学部筹建了清华学堂，作为留美预备学校，选派青年人才赴美留学。1912年改名为清华学校，1928年更名为国立清华大学。因而清华不同于其他学校，它隶属于外务部（后为外交部），经费方面一直较为充裕。它招收学生主要为留学美国做准备，因此学校在场馆设施、课程安排等方面都偏西化。校内环境优美，大礼堂、图书馆、体育馆等现代设施俱全，吸引一批大师级人物和青年学子。何炳棣曾这样深情回忆在清华的时光："如果我这生曾进过'天堂'，那'天堂'只可能是 1934—1937 年间的清华园。"①

曾经的清华学子们对这个园子留下了美好的回忆，而这要感谢学校对他们生活的良好照顾。早年的清华分高等、中等两科，各 4 年，为管理好这批十几岁的学生，学校也是颇费心思。据清华早期的学生、社会学家潘光旦回忆，学校行政对学生食、宿、游息和课外团体活动的管理专门设有"斋务处"。中等科的斋务管理特别严，斋务管理人员吃饭和同学一堂吃，学生每两周必须缴阅零用账。② 不过，这也主要是为了督促他们培养严格的生活习惯，以顺利完成学业。

食堂提供丰盛的伙食

对这群千挑万选出来的人才，学校也是尽力做好了后勤保障工作，其中"吃饭"自然是头等要务。

潘光旦回忆，清华"伙食是够好的，无论膳费是全免、半免，或每月付足六元钱的全膳费，基本上都是吃公家的，吃退

---

① 何炳棣：《读史阅世六十年》，中华书局，2012，第 88 页。
② 潘光旦：《清华初期的学生生活》，载《民国大学 遥想大学当年》，东方出版社，2013，第 245 页。

回的部分庚子赔款;平时的八菜一汤或四盘五碗,一到十一月一日,即全校开始生炉子的那一天,五碗就合成一只大火锅;大米饭、上白面馒头、小米稀饭、拌上香油的各种酱咸菜,除早餐无大米饭外,一概听吃"①。

年轻人凑在一起吃饭也分外热闹,饭量大的同学彼此比赛、"赌东道",最高的纪录是两把重的馒头 25 个。美食家梁实秋念书时候就干过这样的事,他从"中等科"到"高等科",在清华待了整整 8 年,他曾与室友打赌进行一个比赛,创下过一顿饭吃 12 个馒头和三大碗炸酱面的纪录。② 在他的小说中便有这样的描述:"当啷! 当啷! 铃声震耳,午餐之时届也。一达李生之耳,即狂奔而出,直赴食堂,连食五碗,鼓腹而出。"仿佛他自己当年形象跃然而出。

当时学校是打铃吃饭,大家 8 人一桌,桌上编有学号,大家对号入座,碰上胃口大开的学生自然一卷而光。于是,在饭桌上大家展开了无声的较量,开饭铃一响,门口排队的学生便蜂拥而入,坐到编有自己学号的座位上,有人低着头不说话,只是拼命地吃饭;也有人会玩一些伎俩,假意让同桌的人说个

---

① 潘光旦:《清华初期的学生生活》,载《民国大学 遥想大学当年》,东方出版社,2013,第 244 页。
② 梁实秋:《忆清华》,载《那时的大学》,国际文化传播公司,2015,第 45 页。

笑话，自己则疯狂地夹菜。调皮的清华学子还把校歌"西山苍苍，东海茫茫，吾校庄严，岿然中央。东西文化，荟萃一堂，大同爱跻，祖国以光"改编成了吃饭歌："铲子锵锵，铃儿铛铛，全体学生，来到食堂。鸡鸭鱼肉，烩炒一盘，大家举箸，杯盘以光。"

不仅如此，还有学生在食堂搞起恶作剧。饭菜中发现了苍蝇、头发，起初是可以照章更换的，于是老实些的一发现就换，后来则发现了不吭声，等待将近吃完时再换，等于多吃一盘；最不成话的是，索性自备苍蝇、头发，于必要时掏出衣兜，放进盘碟。读到当年"熊孩子们"自编自导的食堂"碰瓷"事件，真是好气又好笑。

各具特色的清华食堂

20 世纪 30 年代，随着学校学生人数的增加，清华新建了大饭厅。据当时求学于清华的何炳棣回忆，1934 年秋他入学时，住在二院。那时校内学生食堂有四：二院、三院、四院大食堂和女生食堂。二院、三院饭菜都很便宜。如果吃素饭，六块钱就可以吃一个月；吃肉饭拼命吃，一个月也就是八块。此外还有所谓的清寒食堂，全餐不超过 1 毛或 1 毛 2 分。[1]

---

[1]　何炳棣：《读史阅世六十年》，中华书局，2012，第 89 页。

而以那时候的工资水平来说，一般职员，最少的能挣 20 块钱一个月，好一点的能挣 80 块钱。教授就是 200—300 块钱一个月，讲师差不多有 100 多块钱，助教也就是 60—80 块钱。这样看来，学生们的大食堂可算是相当实惠。

食堂还有各自的特色，当时二院食堂最受欢迎的是软炸微焦的肉片，被称作"叉烧"。饭和馒头管够，全荤和半荤及素炒价格都很合理，大约两毛以内可以吃得不错，如三四好友同吃可以吃得更好。

第二年何炳棣搬到新盖好的七院，就经常在四院新的大食堂吃饭了。食堂起初采用 buffetdinner（自助餐）形式（在当时这可是很时髦的方式），90 分钟可以供应 1 000—1 500 人吃饭，因此有人戏称其为"当时国内最摩登堂皇的一处食堂"。这个食堂的优点是座位多、上菜快、极方便。开张的时候门庭若市，座无虚席，交款常常要排很长的队。

后来随着新鲜感的消失，生意也渐渐清冷。因为菜肴摆久了就变凉，口味变差，况且排队太费时。结果最后变成了和二院三院一样的普通食堂，有跑堂伙计，也可以赊账。何炳棣当年不仅会读书，在吃饭方面也不亏待自己。平日里他和同学生物系的林从敏、同屋的黄明信和其他南开老友们合吃时，常点西红柿炒蛋、炒猪肝或腰花、软炸里脊、肉片炒大白菜、木须肉等菜,均摊每人大约两毛。大考他给自己开个小灶,一人独吃,点个 2 毛 4 分的红烧肘子几口吃掉,再点半荤素菜吃饭。荤素搭配的一餐饭,让何炳棣能顺利应付考试。

体育生单"开小灶"

除了"斗牛壮士"何炳棣,崇尚体育的清华在传奇教练马约翰的带领下,涌现出一批热爱现代体育项目的高水平运动员。当时的清华拥有足球、篮球、网球、曲棍球、棒球、游泳、滑冰、拳击等 10 多支运动队,曾在华北体育联合会、远东运动会等多次斩获荣誉,赢得全校师生赞扬。除了何炳棣这样天生的运动好手外,还有不少学生年轻时都有专长。马约翰回忆,像施嘉炀、梁思成,体育都是很好的。施嘉炀擅长跳高,梁思成很能爬高,爬绳爬得很好。[①] 而清华的优秀体育生也享受了不小的特权,因为他们有令旁人羡慕的专用餐桌。

据潘光旦回忆,达到一定运动成绩或标准的学生就有资格在特设的小食堂吃饭,这种食堂称为"训练桌"(Training Table),品种多样,营养丰富。因为选手要勤练习,体力耗损多,食物需要较高的热量,因此他们的菜肴有牛奶和更多鸡

---

① 马约翰:《谈谈我的体育生涯》,载全国政协文史和学习委员会编《回忆马约翰》,中国文史出版社,2017,第 579 页。

蛋、肉类。① 这样的条件被美誉为"雅座",可让那些没有希望参加的同学艳羡不已。

选择多样,丰俭由君

如果吃腻了学生大食堂想去换换口味,那去教工的食堂也是不错的选择。据何炳棣回忆,当时,清华园内教职员的厨房有三。西记厨房的菜略胜于大食堂,一般供应单身的助教和教员;东记讲究,菜有大馆子风味,只有外卖,并无桌椅;不过对于吃货来说,只要有耐心,等到小柜台式"桌面"空出,也可以过瘾一顿。② 何炳棣历史系的学长沈鉴,就经常占得到那尺半见方的柜面,这让何称奇不已。

这几个厨房还有了口口相传的特色菜,让不时去打打牙祭的吴宗济写诗记录下了这《享口福》的回忆:"张先豆腐马先汤,鸿记东西更擅场。饮冰社里人声沸,番菜还夸古月堂。"

这诗乍一读有些不解,作者还特意注解了一下,原来当年在工字厅两旁各开有一比较高级的饭馆,称"东鸿记"和"西鸿记"。在校门内有一小饭铺,有以张、马两位老师欣赏而著名

---

① 潘光旦:《清华初期的学生生活》,载《民国大学 遥想大学当年》,东方出版社,2013,第 233 页。
② 何炳棣:《读史阅世六十年》,中华书局,2012,第 90 页。

的两道川菜，分别是麻婆豆腐和酸辣汤，因此菜牌后来改成"张先生豆腐"和"马先生汤"。跑堂的伙计向厨房报菜说快了，就吃掉了"生"字，于是便成了"张先豆腐""马先汤"。

此外，为给爱吃西餐的老师提供方便，在工字厅西边古月堂旧址还开了个小西餐馆，以"古月"命名。吴宓教授是那里的常客，几位学生都回忆到他请客吃西餐的场景。他两度请当时还是学生的何炳棣吃饭，第二次主菜共有一大盘12薄片烤牛肉，吴宓吃了不足两片，其余都被何炳棣吃光。为此，事后何炳棣在田径场慢步至少半小时才返回房间。

而吴宗济因为曾上过吴宓先生的课，喜欢摄影的他还为吴宓的书拍摄插图，完成后吴宓便请他到古月堂吃了一顿西餐表示感谢。平日里不苟言笑的吴宓对学生私底下倒也十分关照，让吴宗济印象深刻。

要是更正式些，可以在工字厅摆宴请客，花几银圆钱就可以摆上一桌很讲究的酒席，海参鱼翅齐全。工字厅环境幽雅，吃过饭还可到"水木清华"流连小憩。

零食小吃来解馋

学生们在清华园念书的那几年，正是生长的高峰时期，学生们的食量也是惊人。于是，食堂之外，也有合作社补给。梁实秋回忆,清华校门内靠近左边围墙有一家"嘉华公司",招商承办,卖日用品及零食,后来收回自营,改称为售品所,学生戏称去买零食为"上售"。零食包括:热的豆浆、肉饺、栗子、花生之类。饿的时候,一碗豆浆加进砂糖,拿起一枚肉饺代替茶匙一搅,顷刻间三碗豆浆一包肉饺(10枚)下肚,鼓腹而出。糖炒栗子是冬天的美味,可是学校又怕学生把栗子皮剥得狼藉满地,限令栗子必须剥好皮才准出售。①

除了备有日用品、水果、茶、咖啡、汽水、西点等物的清华合作社外,还有一家法国面包房,点心价格相当贵,味道也很不错。要再来点新奇的,还有英商柠檬山海关牌汽水,那是标准老牌,法商马记着色的樱桃、柑橘味的酸甜汽水,当时就得1毛4分一瓶,相当于一顿饭的价格。学生们平日里攒下的零钱不少就花在了这里。

值得一提的是,清华当时便有鲜奶供应。在校园的东北角上建有牛奶场,每天都有人往宿舍送高品质的鲜奶,深受大家欢迎。

去"小桥食社"搓饭

赶快!赶快!

① 梁实秋:《忆清华》,载《那时的大学》,国际文化传播公司,2015,第45页。

快来吃——小桥食社的南边"小菜"。

我们有馄饨，我们有烧麦。

还有麻糕，汤包，汤面饺子等等的南边"吃局"，什么都卖！

我们办整桌儿的酒席，我们做家常儿的饭菜。

价钱格外的克己，味道更是不坏。

小心"掉了眉毛"，注意豁了皮带。

少则三两毛也吃个够饱，多也何在乎花个几块？

我们对先生们特别欢迎，对学生们更加优待。

我们的招待员都是眼观四面，耳听八方，

我们的总烹调无异于易牙、Vatel又活到现在。

"哎！我早就想来试试了，可是还没知道食社在那块儿？"

真的吗？连地方都不认得吗？

"阿要"希奇古怪！你要是借问小桥何处？

有巡警遥指大门外。

这则活泼的广告就是当年"小桥食社"登在《清华周刊》上的，其店主是赵元任的夫人杨步伟。这则广告由赵元任撰写，有相当活泼的风格。杨步伟出身名门望族，留日学医回国后

自办诊所,与赵元任自由恋爱结为夫妇后,随他来到清华园,
而她的做饭手艺可是得到公认的。后来他们移居美国后,她
出版的《怎样烹饪品尝中国菜》一书大为热卖,把一手好厨艺
带到国外。

她回忆:"清华本校里有两间大厨房,总是那几样菜,而自
己家厨子也不好用,没几天元任就觉得厌了……我就和几个
太太商量,何不共请几个好厨子? 大家都赞成。"①为了照顾好
家里先生的胃,以及出于待客的需要,杨步伟聘请"五芳斋"的
厨师,在清华园大门前右方、南院对面的小河边开起一家饭
馆,河上有小桥,故命名为"小桥食社"。

食社供应以南方菜点为多,据曾经的食客、王国维先生的
女儿王东明回忆:"有一种烧饼,香酥松脆,很像现在的蟹壳
黄,与北京硬韧的芝麻酱烧饼一比,风味截然不同。她选用的
餐具都很漂亮。"②

食社一开便名声远播,学生们知道后,跑来要求搭伙,老
师们则来订酒席。吴公之先生还送来一副对子:"小桥流水一
间屋,食社春风满座人。"结果,搭伙的人越来越多,把那几位
太太忙得不可开交,梅校长等各家的用人也被叫去帮忙,连去

---

① 杨步伟:《杂记赵家》,辽宁教育出版社,1998,第55页。
② 王东明:《记忆中的清华园和清华人物》,《文汇报》2013年8月27日。

吃饭和看热闹的人，也都站起来做了跑堂的。

这造福师生的食社生意兴隆，不久却关张了，原来赵太太交游广阔，又喜请客。凡是稍熟的人到店里，她总是嚷着："稀客，稀客，今天我请客。"就这样，因为未挣到钱，"小桥食社"在请客声中关闭了。

后来又有人开了一家"倪家小铺"，虽然陈设简陋，但由于东西实惠味美，因而生意也还兴隆。何炳棣念书时候去换换胃口，就爱叫一碗特别先以葱花、肉片、生大白菜"炝"锅的汤面和一张肉饼。后来发现小铺搬迁后也有顾客爱点这碗"何先生面"。在何老眼中，这碗面虽然简单，其中合口与否就妙在是否"炝"锅。

清华园的记忆伴随着一批批清华人成长，今年又会有一批学子迈入清华园续写"食在清华"的舌尖故事。当若干年后他们回忆起学生生涯，食堂的味道会留在一代代学子心中。

探求知识的海洋：
图书馆的记忆

"一塔湖图"是对北大校园内三个著名景点的概括，指的是北大的标志性建筑博雅塔、未名湖和湖边上的北京大学图书馆。来到北大校园参观打卡的游人们在与未名湖和博雅塔合影留念后，也总会绕到图书馆来看看。这里有埋头苦读的北大学子们，这里有校园特有的书香飘飘。那些勤学的学生们和建筑一同成为北大独特的风景线。即使你出于好奇走到埋头看书的学生跟前，通常他也不会抬头特别看你一眼，因为他的注意力早已被书的世界深深吸引。

在近代知识传播体系中，大学是重要的一环，而图书馆也发挥了相当重要的作用。过去传统的读书人也爱书藏书，但他们的"藏书楼"往往是私人的，外人难以一窥其中奥秘。近代学科分野、学术标准的建立、大中学堂的开办等，使图书馆这样一个"舶来品"变得重要。因为图书馆里藏有最近科学研究的报告、古今中外学者的著作以及各种珍贵的典籍，这些对于专业的学术研究是必不可少的资料。而对于普通大众来说，更重要的原因是，图书馆让大家有公平的机会利用这些资源去求知识。学术要真正成为天下之公器,使知识得以传播交流和共享,体系化的书籍和研究成果的收藏,都是必要的部分。

衡量一所大学研究能力的一个重要指标就在于它是否拥有一个好的图书馆。好的图书馆需要有完备的收藏,清晰的检索目录,最新的文献资料信息,还要有专业的图书管理人员。而对于学子们来说,在图书馆里遨游往往会有令人惊喜的收获。查阅文献,锻炼检索资料的能力,是每个学生独立做研究的必修课。当班上同学一下课就跑到图书馆,在一排排今天已少有人问津的木架子上去翻借书卡时,常常会有意外的惊喜。突然发现,原来一本历史悠久的小书,其上一位借阅人就是你仰慕已久的大师,通过借书卡,你们之间仿佛有了一段奇妙的缘分。在古籍阅览室里,坐在古色古香的木头书桌前,等着管理员帮你找书。你好奇地摸摸桌上那种老式的台灯,拉一下电线,灯便打开了,绿莹莹的灯罩,透出柔柔的光线,并不刺眼。抬起头,墙上还挂着著名地理学家侯仁之与夫人微笑的合影,原来这里便是他们初相识的地方。有时候,你也不得不羡慕地看着一位老师拿着工作证走进了密闭书库,对你来说,哪一天能钻进这个书海该是多么幸运的事。

今天的图书馆电子化程度越来越高,这样传统的检索方式渐渐成为历史的回忆,但对学生来说,学校图书馆永远是校园记忆的独特角落。它伴随我们度过复习考试的煎熬,留下我们埋头写作论文的身影。而在这些书桌前,那些大师们也留下了令人难忘的故事。

"豪华"的清华图书馆

地处京郊的清华校园以建筑华美恢宏而著称,校内建筑设施等硬件堪称一流,著名的"四大建筑"更是其建筑风格的典型代表。在今天的清华园,大草坪、日晷和后面的礼堂、图书馆构成了一幅美丽的校园风景照。而曾经清华图书馆设施的优美舒适、服务的专业化,也让来求学的何炳棣情不自已地从内心发出暗誓:决不能辜负寄旅于此人间天堂的机缘与特权!

清华的图书馆里曾留下许多名人的脚步。杨绛考至清华园之前,曾是东吴大学的学生,但东吴没有她喜欢的专业。与昔日旧友蒋恩钿聊天后,她决定转到清华求学。为了能早日考到心仪的清华来,她选择先来清华借读。一到清华,老友蒋恩钿就不无卖弄地带她去了清华的图书馆参观。当她们拉开沉重的铜门,便走入了图书馆。只见墙是大理石的,地是软木的，楼上书库的地是厚玻璃，透亮，望得见楼下的光。蒋得意地向她介绍那墙："看见了吗？这是意大利的大理石。"看着木头铺的地板，杨绛充满了好奇，想摸摸软木有多软。她悄悄蹲下去摸了摸地板，轻轻用指甲掐掐，原来是掐不动的木头，不是做瓶塞的软木。在这软木地板上人来人往，没有脚步声。上楼时杨绛只敢轻轻走，因为她们走在玻璃的楼梯上。临走之前，蒋还带她参观了女厕所。厕所本是不登大雅的，可是清华图书馆的女厕所却不同一般。四壁是大理石，隔出两个小间的矮墙是整块的大理石，洗手池前壁上，横悬一面椭圆形的大镜子，镶着一圈精致而简单的边，镜子里可照见全身。室内洁净明亮，无垢无尘无臭，虽不显豪华，却称得上一个雅字。①清华的图书馆给杨绛留下了美好的印象，后来第二年杨绛顺利考入了清华大学，在清华图书馆享受了自由阅读的幸福时光，也是在清华园里，她遇到了人生伴侣，曾经"横扫"清华图书馆的钱锺书。

清华图书馆的"好"不仅在于它的建筑之美，更在于它能被人充分地利用。清华的学生是勤学的，下了课，他们就纷纷跑去图书馆"开矿"了。一方面，学业压力较大，清华的淘汰率

---

① 杨绛：《我爱清华图书馆》，载《清华校友通讯》，复 43 期，2001 年 4 月。

一直不低,有些科目无法通过的学生只能转系甚至退学。另一方面,老师布置的参考书去晚了可不一定抢得到,得等着别人看。于是大家都跑到图书馆这个"富矿"去"开矿"。每晚学生麇集图书馆,阅读指定参考书,座无虚席。[1]

杨绛有过这样的比喻:"我曾把读书比作'串门儿',借书看,只是要求到某某家去'串门儿',而站在图书馆书库的书架前任意翻阅,就好比家家户户都可任意出入,这是唯有身经者才知道的乐趣。"幸运的是,清华图书馆不仅藏书相当丰富,对学生的开放利用也很便利。在清华图书馆,梁实秋首次见到了大部头的手抄的四库全书。清华图书馆的布置也很有讲究,阅览室四壁都是工具书:有各国的大字典、辞典、人物志、地方志等,要什么有什么,可以自由翻阅;阅读当中要解决什么问题,查看什么典故,随手就能翻,非常方便。

在这个专业而丰富的图书馆馆藏背后,还有它令人难以相信的服务精神与效率。历史系学生何炳棣也是图书馆的常客,在清华图书馆,"西方新书出版不到一年往往已经清华编目,或立即作为指定参考,或已插放在书库钢架上了。例如外

---

[1] 梁实秋:《忆清华》,载《那时的大学》,国际文化传播公司,2015,第42页。

交史名家兰格 1935 年中才在美国出版的上下册《帝国主义的外交，1890—1902》，我三年级开始（1936 年初秋）已能读到"。[①] 这当然归功于课程任教老师经常对书目书评披阅之勤、选择之精，也与编目组主任毕树棠先生等工作的极度认真密不可分。

而清华图书馆对学生的照顾也很贴心，写毕业论文的时候，不管你是研究生还是大学四年级的学生，只要有了题目，图书馆就可以在地下提供一间小屋子让你自己找书来看，每人一间，可以直接上楼到各层书库任意取书，只要不出馆门，不必填写借条。图书用完的自去归架，未用完的留在室内，离馆时也不必归还，锁了屋门即可。有时候一整天留在图书馆看书，买点点心，吃饭都在里面对付了。

充满书香气息的北大图书馆

相比之下，老北大的图书馆在硬件条件方面显得有些差距。曾经的北大位于旧松公府，那里空间局限，而且以旧式建筑为主。一开始老北大还没有图书馆，只有一个藏书楼，设在马神庙校舍后院的所谓四公主梳妆楼里。藏书楼的书

---

① 何炳棣：《读史阅世六十年》，中华书局，2012，第 93 页。

可以外借,但没有阅览室。过了一年,藏书楼腾出一些地方,辟出阅览室,阅览桌放在中间,四周摆上书柜,柜里都是西文书。

图书馆的旧址是个四合院,院内雕梁画栋,古柏参天,每到夏季,浓荫匝地,蝉声悠长,富有中国式的气息,进入馆中有"苔痕上阶绿,草色入帘青"的感觉。然而,北大本身的经济状况比较拮据,这样旧式的建筑物,缺乏必要的修缮难免变成很陈旧、很腐朽的屋宇。于是阅报室的梁木上面就斑驳着尚未剥落的陈旧而古老的深红色的漆,仿佛一阵幽古的气息,深深地埋藏在几重的灰尘和朽黯的底下。交叉形的细纹的窗棂上面也垂挂着几重尘丝和并没有完全织成的蛛网。整个阅览室中透出一股北大特有的"老"的气息。

在冬天屋里也仅有一个小火炉,炉内的碎煤常常仅是闪烁着微弱的青蓝光的火苗,它的温度不能抵御那外面的零度以下的寒冷。有时候飕飕的大风可以把这间屋子的木门吹开,并且把里面的凌乱的报纸吹个满地。阅览室方砖铺地,阴冷潮湿,尽管全副武装,凉气仍直往上冒,坐久了便觉得腿脚僵冷,手指也不听使唤。

虽然这样,在这一方陋室里每天照例有几百个年轻的男女在那里川流不息地进出。充满着热烈的求知欲和爱知天下事的读报的青年们,黑压压地挤在一块儿看《大公报》上面王芸生写的《寄北方青年》的社论。

虽然硬件条件相当有限,阅报室的报纸却是很齐备,除了北平当地的各大报——《世界日报》《北平晨报》《华北日报》《益世报》,法文的《政闻报》,英文的《北平时事日报》,和小型版的《实报》外,还有天津的《大公报》《庸报》《华北明星日报》等,都可以当天看到。此外像上海、南京、汉口各大城市的报纸,也不过隔几天就可以寄来。甚至边疆各地的报纸,如迪化(今乌鲁木齐)的《新疆日报》等,也都按期收到陈列,看的人也很多。在大阅报室的东侧,有一排偏殿式的厢房,则是存储旧报纸的地方。各地各种的合订本的报纸,都按年月分类装订起来,随时可以查阅,毫不困难。

1917年年底,李大钊出任北京大学图书馆主任。一时红楼成了新思想运动的中心,许多进步的教员、学生聚集在这里读书、座谈。在李大钊的主持下,图书馆开始注意收集有关马克思主义的书籍以及俄国十月革命以来的著作。

1918年夏,沙滩的红楼建成,图书馆也搬了进去,占了新楼的第一层楼。北大新建成的图书馆是立体式凸字形的建筑。后面是书库,前面朝南的两翼,包含着东西上下四间大阅览室,楼下西间是中文阅览室,东间是外国文阅览室,楼上西间是杂志阅览室,东间是特别阅览室。图书馆采用钢门窗结构,宽敞明亮,一扫旧馆沉闷幽暗的气氛。阅览条件大为改善,每间阅览室的四壁都粉刷得雪白,而其中间两面,开着自天花板下垂,直到齐腰的最新式铁格大玻璃窗,窗内张着厚厚的深色大窗幕。冬天时从南窗晒进一屋子的太阳,光明而温暖,而夏天厚厚的大窗帘可以将东西晒的炎阳挡出去,在室内留下清凉的福地。二十来张大阅览桌,整整齐齐地排列成两排,每张桌两旁整整齐齐放着八张很舒适的有扶手的靠背椅。每个座位前有一盏漂亮摩登古铜支架的桌灯,电线藏在看不见的地方。只要在那玲珑光滑的小钮上一旋,就可大放光明。

更为重要的是馆中藏书资源愈发丰富,使用也更为便利。中文阅览室中,常用书、工具书如《四部丛刊》《四部备要》《二十四史》《册府元龟》《说郛》《通典》《通志》《文献通考》《玉海》等书,沿墙排列了一周,随手查阅,十分方便。为了弄清楚一些版本记录方面的问题,有时要查阅好些版本的正史。从检查便利的开明版二十五史起,到五洲同文本、汲古阁本、局本、殿本、百衲本、明南监本,以至于元版、宋版,都能得心应手取来用。这样比对便能发现许多世传的讹错是由于后来版本之误刊,这种发现的快乐对学者来说是很珍贵的。

这个藏书丰沛的图书馆正合了北大学生的胃口。那些学文史的学生，平时不见得上课，但泡图书馆却是例行的，铁架上的钟声响过之后，腋夹书包，出红楼后门，西北行，不远就走入图书馆。同学自带的书，从书库借来的书，都可以摊在阅读桌上。中午出去吃饭，摊开的书不用收拾，回来接着看。需要剪剪贴贴的，还可以把剪刀糨糊放在手边。

勤奋的学生有时候还有机会享受到一些"特权"。图书馆内，有为文学院院长、法学院院长和文法两院各系的系主任设的专用阅览室。为了方便查阅资料，当时还是助教的邓广铭（后为宋史专家）鼓起勇气求助胡适，问他在图书馆的那间阅览室可否借用？胡适毫不迟疑地答应了，而且立即打电话给图书馆的负责人，要他把那间阅览室的钥匙交给邓广铭。从此，邓广铭得以"独享"这间专用阅览室，也为他的工作带来了不少便利。①

图书馆不仅馆藏丰富，里面服务的工作人员也让当年的学生读者难忘。有一位老工友出身的职员，半老的年纪，乍一看并不起眼。他并不是从美国的国会图书馆或武昌文华

---

① 邓广铭：《我与北大图书馆的关系》，载陈平原、夏晓虹编《北大旧事》，北京大学出版社，2009，第392页。

大学的图书馆专修学校毕业的,看上去好像有点儿不够资格。但他在图书馆工作了 20 多年,积累下丰富经验,而且记忆力惊人。报给他书名,他不用卡片,拍两下秃额头,略沉吟一下,便说,馆里有,在什么什么丛书里,过一会儿就能把书找来。张中行有时候看的书很生僻,他拍过额头之后,便会告诉张中行说馆里没有,但可以从北京图书馆代借。他甚至记得借书人的姓名、职务和面貌,因此,他可以把几大册的合订本的旧报纸借给一个空手的学生,用不着验看或问询他有无借书证。[①]

图书馆不仅对本校学生方便,即使不是北大师生,也可以进来自由阅览,他们除了不能从书库借书外,享有查阅中西文开架书刊文献的一切便利。这使图书馆真正成为"国民大学",使大家得到机会均等的教育。

在那些"蹭"图书馆的学子里面真的走出了几位默默无闻、毫不起眼的"扫地僧"般的高人。曾经在北大就读的严薇青记得:"1935 年下半年北大新建图书馆一楼负责出纳图书的职员中出现了一位新来的青年员工。他身材不高,身穿长袍,瘦瘦的脸上戴着一副眼镜,不管对谁总是面带微笑,非常

① 柳存仁:《记北京大学的图书馆》,载陈平原、夏晓虹编《北大旧事》,北京大学出版社,2009,第 383 页。

客气。最初大家都不知道他是谁，后来才知道他就是初露头角的诗人金克木。"①

金克木本是一个自学的青年，因为正在学习法语，受朋友推荐前来北大听法文课。因为没有工作，受到老师关照的他得到推荐到图书馆短期工作，管借还书。他的自学便是以图书馆为老师开始的。平时他是个有心人，通过来借书学生的借书条，他试试看自己能不能看懂那些书。有时候借书人发现他对借的书有兴趣，也会指点他一二。有次学生来借关于绘制地图的德文书。经过请教，他才知道了画地图有种种投影法，经纬度弧线怎样画出来。又有一次，一位数学系的学生来借关于历法的外文书。他见金克木对那些书有兴趣，便告诉他，他正在听历史系一位教授讲"历学"课，还开了几部不需要很深数学知识也能看懂内容的中文和外文书名给金克木。碰到古籍方面的问题，金克木便主动去请教书库里的人。就这样，把借书人和书库中人当作导师，他白天在借书台和书库之间忙碌，有空便翻阅书架上五花八门的书籍，晚上再仔细读读借回去的书。通过这样的交流和自学，金克木渐渐知道了"畅销"和"滞销"的书，查找论文资料的途径，论文写作的规格

①　严薇青：《北大忆旧》，载陈平原、夏晓虹编《北大旧事》，北京大学出版社，2009，第 412 页。

等，逐渐找到自学的门道和方法。①

艰难岁月中的"联大"图书馆

大学里面做研究搞学问离不开图书馆，这一点搞研究的都清楚。1937年抗战全面爆发后，在清华被迫南迁的时候，校长梅贻琦便早早对图书资料和仪器设备的运输做了安排，并在经费极其有限的情况下，拨出5万元作为图书经费。正是这一决定，使得学生们在条件简陋困难的后方，复校时依然有书可读。

翻译家许渊冲曾就读于西南联大的外文系，他早闻清华校友钱锺书当年"横扫"清华图书馆的大名，也颇以他为榜样。

当时联大因陋就简，学院分散在几块，图书馆、阅览室也分散各处，在南院的学生宿舍里还有一个文科阅览室。其中许渊冲印象最深的有两套书：一套是新出版的《鲁迅全集》20卷本，硬纸面精装，红色金字，10本著作，10本译著；还有一套是郑振铎的《文学大纲》，布面精装四大厚册，图文并茂，形象生动。

---

① 金克木：《一点经历·一点希望》，载陈平原、夏晓虹编《北大旧事》，北京大学出版社，2009，第244页。

1939年秋天，联大新校舍建成了，图书馆是主要建筑，也是新校舍唯一的瓦顶房屋。这个图书馆在联大的建筑中也属于"豪华"的。左右宽约100米，深约50米，摆了100多张漆黑的长方桌子，左右各50多张，排成十几行，中间空出过道。借书台正对图书馆大门，后面是书库；书库和阅览大厅之间有两个小房间，留给图书馆员住。

许渊冲正好是钱锺书班上的学生。他为了学习钱锺书的读书法，就跟在钱锺书后面，走进图书馆去一探究竟。许渊冲也模仿名家的读书法，他中学时读过林语堂的《大荒集》，知道林语堂学习英语最得益的书是《牛津英文字典》，便也准备借一本《简明牛津词典》看。不料图书馆馆员给了他一本英法对照的词典。谁知许渊冲一看发现法文和英文大同小异，就模模糊糊起了要学法文的念头，这样便种下了后来把中国诗词译成英、法韵文的根苗。

许渊冲曾在外文系的图书馆半工半读，管了一个学期图书，得以大饱眼福。他最喜欢的是一本红色皮面精装的《莎士比亚全集》，皮面下似乎有一层泡沫，摸起来软绵绵，拿起来轻飘飘，读起来心旷神怡。印象最深的一套书则是法国康拉德版的《巴尔扎克全集》。他读过穆木天翻译的《欧也妮·葛朗台》，觉得描写生动，但是译文生硬，每句都有几十个字甚至一百多字,读起来很吃力,减少了看小说的乐趣,他当时便暗下决心,要恢复巴尔扎克作品的本来面目。后来他翻译出版了巴尔扎克的《人生的开始》,那是他出版的第一本法国小说,而这翻译的动机就是在联大外文系的图书馆产生的。

在那个物质匮乏的年代,联大的图书馆条件终究有限,于是"泡茶馆"读书也成为联大人阅读的第二选择。不少人的论文、读书报告是在茶馆完成的,汪曾祺曾把他《哲学概论》的期终考卷带到茶馆去完成。这样因陋就简的方式,虽然也是无奈之举,但读书的热情却并未因为艰苦的条件而中断。

"自由"阅读的重要性

学校图书馆的一个重要目标,当然是满足学生课业的需要,但有时一些随心所欲的阅读也是有益的。柳存仁曾有机会走访国内几所著名大学的图书馆,他把他的见闻进行了比较。在南京的中央大学的图书馆,他发现馆内阅书的学生很多,但是,不在阅读课内的功课或温书的学生太少了。大部分的学生都在低着头研求着当天或第二天的指定课程,准备应付教员的 Quiz 或 Test,而只是一旁静悄悄地为学问而学问的人,究竟很少。这样的情形,北平西郊的清华大学图书馆里的用功的学生们，也未能免。其他有些更不堪的或是把图书馆来做男女学生的谈恋爱的幽静场合，或是用它作为解闷休息的清凉境界，甚至于在图书馆里开开同乡会，借那长长的书桌来摆起联欢的茶点，让他感觉有些倒胃口。

图书馆如同大学一样，是一个知识集合的所在，在这里你有机会与各式各样的观点邂逅，通过书本与古往今来的贤哲对话，有时候他们的声音会给你心灵的震撼，有时候一本书会无意间改变你人生的道路。李济回忆他求学美国时克拉克大学老校长霍尔有过这样的比喻：学生读大学时不必也不可把所有的时间都放在预备功课上，应该保留一小部分的读书时间，到图书馆去，像啃青的牛去到草原，东啃一嘴，西啃一嘴。新到的杂志、架上的书籍，随便浏览，高兴就多看一点，不愿意看的放下去，另换一本。假如每礼拜能有一个早晨做这类的事，不但可以发现自己潜伏的兴趣，同时也可以发现自己真正的长处。李济自己便在这种"啃青草"的过程中找到了真正的兴趣所在，奠定了人类学研究的基础。

大学学习，因为学科等的不同，不少学生因为课业压力大、作业、论文、实验繁忙，或许并没什么时间去"泡"图书馆。但对于人文社会学科的学生，特别是文史学生来说，广泛地阅读，甚至是随意地翻阅，对于打破学科的"樊笼"是很有帮助的。偶尔翻到的一本书或许会解决困惑已久的问题,偶尔接触到一个新的领域也会大大拓宽看问题的视野。自由地阅读,培养独立查找资料、发现问题、解答问题的能力,而这种能力对于学习研究来说将是受用一生的。

大学时代的另一门
必修课：体育锻炼

今天漫步在大学的校园里,常常会为那些朝气蓬勃的身影所吸引,无论是球场上挥汗如雨的年轻学生,还是绿茵场上奋力征球的灵动身姿,抑或是田径道上一圈圈跑动着的学子,还有那些乒乓台前、泳池中一展身手的健将,在他们灵动的动作中,透着年轻人独有的阳光与活力,也让人羡慕得想跃跃欲试。那些男生多的高校中竞技运动尤其活跃,如清华、交大、同济、东华、上大等,每个学校还都有自己擅长的项目,或是篮球,或是足球,或是排球。当学校运动队代表学校在赛场上争金夺银之时,台下都是摇旗呐喊的拉拉队,整个赛场宛如一片激情的海洋。这样的场景在今天是很常见的,不过往前推个百来年,在我国高等教育刚刚萌芽之际,体育运动在近代中国,特别是在高等学府的发扬光大却经历了一条漫漫长路。

传统的私塾教育往往重视对个人知识修养、仪容举止的培养,对人的一言一行都有规矩,不可逾越,所谓"坐有坐相,立有立相",把一个个天真烂漫的孩子也训练成了"小大人"的模样。近代以来,中国在军事上节节失利,背上了"东亚病夫"

的恶名,强身健体的观念逐步在新式学堂教育中形成,在高等学堂中也专设"操课"等课程,提供学生体力上的训练。如老北大每天一早就安排操课,学生们穿着短衣在操场上训练,"向左转""向右看齐"等各种口号在操场上飞扬,不过操课虽然在形式上是一种训练,但在内涵上仍与近代体育有不少距离。在曾经的京师大学堂,体育课的场景便是,老师先给学生鞠个躬,喊一声"老爷",然后再恭恭敬敬地喊,"老爷,向左转""老爷,向右转"。近代教育理念的转变,尤其是对于强健体魄的观念变化,从近代体育的蹒跚起步中可见一斑。

开风气之先的"上海圣约翰"

上海的圣约翰大学是近代一所著名的教会学校,它的校址位于今天上海市中山公园后面的华东政法大学。该校以外文教学见长,在校长卜舫济(F. L. Hawks Pott)的主持下,学校办学质量和影响都逐步提高,受到中上阶层家庭的欢迎。而作为一所教会学校,学校对学生的体格发展与智力提升同样重视,上海圣约翰可以说是开中国大学体育教育的先河。

早在1890年,圣约翰就举行过一次运动会,可以说是中国近代学生运动会的首创。1898年圣约翰举行了一年一度的坦斯豪斯杯网球单打冠军比赛。当时的圣约翰学生还拖着辫子，打网球时他们将辫子在头上一盘，称为"约翰辫子军"。

1919 年在圣约翰校园内落成的顾斐德体育室，是中国第一个现代化大学体育场馆。它是为纪念英国人顾斐德而命名的，顾斐德是圣约翰体育活动最早的组织者之一。这座体育室基地面积有 421 平方米，建筑面积 861 平方米，建筑费用和购置运动器械当时就耗资约 48 900 美元。整幢体育室为二层的楼房。楼顶四角为浓重的中国传统曲线风格，与早期圣约翰建筑风格一致。底层为接待室，还有浴室和更衣室，并有专用独立机房一间，还有一间储物室。当时浴室内已有冷热水供应，墙面和地面均铺白色瓷砖。底层东侧为上有玻璃棚架的游泳池。整个游泳池池底和四壁均用白瓷砖砌成。游泳池南端还设有看台。体育室二楼是一个全封闭的室内运动场，运动场南端设一体育教育办公室。体育场上面还有一个看台，可依栏俯视场中各种球类比赛。此外，圣约翰大学还有一个占地 84 亩的运动场。1925 年远东运动会的全国预选赛，就在该运动场举行。圣约翰大学还是当时中国唯一拥有高尔夫球场的大学。

这样完备的现代化体育设施在当时的中国堪称奢侈，当然这份奢侈也为圣约翰学子的体育运动打下了扎实的物质基础。圣约翰早年的毕业生林语堂就很感激圣约翰带给他的体育教育,他说,圣约翰大学给了他健康的肺,若上公立大学,是不会得到的。在圣约翰念书期间,他是个体育积极分子,学打网球,参加足球校队,还是学校划船队的队长。林语堂参加运动会时,他父亲还曾到赛场看林语堂比赛。最出色的是,他曾创造学校一英里赛跑的纪录,并参加了远东运动会。[①]

圣约翰大学从 1921 年开始,对所有学生实行二年强制运动制度。军事训练也被引进校园。虽然操练使用的是木枪,但学生每年身着统一的军服,显得英姿焕发。军训教官毕业于美国弗吉尼亚军事学校,举行阅兵仪式时,行进队伍伴着雄壮的军乐,显得虎虎有生气。

作为一所美式的学校,校内大批的外籍教员和一批从夏威夷等地来求学的华侨富商的子弟,把网球、棒球等运动带动起来。圣约翰的校长及他当教导主任的儿子,人称大卜小卜,两人都是网球发烧友。颜惠庆就读圣约翰时便玩过简易的垒球,虽然不用护具,球也是自制的,但击球的乐趣还是让他很享受。棒球更是华侨子弟传开的新花样。那些华侨子弟被称为"侨生",来自美、加、澳等国家,他们的父辈有些是漂洋过海的"金山伯",出生成长于海外的他们,来求学时已犹如一个外

---

① 李子迟:《上学记》,济南出版社,2010,第 12 页。

国人。在圣约翰大学校园里就常能看到这些身穿花绿绿的夏威夷衫，脚蹬香槟高尔夫式皮鞋的"侨生"。这些出身富裕的侨生也带来了时尚摩登的美国式生活方式：棒球、摩托车、可口可乐和好莱坞电影。林语堂从夏威夷的男生根耐斯这里学打棒球的技巧，学会投上弯球和下坠球。沪上女作家程乃珊的外祖父也是圣约翰校友，他毕业后在外商亚细亚石油公司做事，那里约大校友集中，每逢周六，他们差不多年纪的都会带着网球拍来上班，并且带好网球衫，只待下班后直接去网球场，这种打球既是校友间友谊的联络，也成为一种社交机会。但对于不会打网球的外祖父，只得一人无趣落单，显得十分"out"。①

刚开始，体育运动是由教会学生、侨生等推动起来的，不过随着风气渐开，体育运动在近代高等学校中逐步推广开了。

别开生面的清华体育

清华是一所历史悠久的国立大学，它早年由外交部管理，它的主持人中也有数位留美毕业生。清华作为留美预备学校，不仅在课程设置、课本选择方面尽力与美国衔接，对于体育教育也一贯重视，这在当时还是比较突出的，也是每个清华

---

① 程乃珊：《上海先生》，文汇出版社，2008，第278页。

学子对于母校的一份特殊回忆。在今天的清华校园的操场上依然可以看到这样的条幅："每天锻炼一小时,为祖国健康工作五十年。"坚持不懈的训练、健康的体魄和顽强的意志是体育背后的精神,一代代清华人也受益于这样的体育训练。

清华的体育馆(即为纪念老罗斯福总统的"罗斯福"体育馆)位于清华园的西北隅,在当年算是很有规模的了,内设有健身房、沐浴室,还有室内游泳池。高大的屋顶下有贴墙吊建的四圈胶皮铺地的跑道,33圈为1英里。馆内各种运动器械完备,梁实秋便在健身房里练过跳木马、攀杆子、翻筋斗、爬绳子、张飞卖肉……

清华重视普及性的体育,比如早晨第二堂与第三堂课之间有十五分钟的柔软操,钟声一响,大家涌到一个广场上,地上有写着号码的木桩,各按号码就位立定,由舒美科先生或马约翰先生领导活动,由助教过来点名。下午4—5时有一小时的强迫运动,届时所有的寝室、课室房门一律上锁,非到户外运动不可,至少是在外面散步或看看别人运动。[①] 马约翰每天都会去图书馆、小树林等地方搜寻学生,鼓励大家去跑、去跳、去打拳、去练剑。学校也鼓励大家外出远足,骑上毛驴或自行

① 梁实秋:《清华八年》,载全国政协文史和学习委员会编《回忆马约翰》,中国文史出版社,2017,第238页。

车很容易就能到西山的寺庙去。冬季时候，在荷花池上溜冰是清华学子们的最爱。这样的强迫锻炼一开始有的学生并不习惯，但对于调剂他们繁重的课业，增强学生体质，提高学生对运动的参与度还是大有好处的。

另外按照清华的规定，清华毕业生毕业前必须通过"五项测验"，包括田径、爬绳、游泳等项，不通过者不能按时毕业。吴宓就因为跳远不合格被扣了半年。而不擅体育的梁实秋就曾让体育教师马约翰摇头叹息。他的跑步、铁球、铁饼、标枪、跳高、跳远都属勉强及格，而游泳这关拦住了他这个"旱鸭子"。游泳时他拼命扑腾沉到池底，在池底连爬带游喝了几口水之后，头才露出水面，最后来了几下子蛙式泳。马约翰总算放他一马。

除了这些必须达到的要求外，学生想要运动锻炼还有好多方式，最普通的如参加"斗牛"（不论人数和规则，由你乱抢、乱打、乱投的篮球），或是玩玩"击嘎儿"（两人一组，一人击"嘎儿"，一人接的游戏）。热心体育运动的不愁找不到组织，不能参加校队的，可以参加级队，不能参加级队的甚至可以参加同乡队、寝室队。而这些锻炼对于学生意志的锻炼、身体的强健自然有益处。何炳棣来自体育强校南开中学，而他在清华的体育成绩也不俗，被誉为"斗牛壮士"，燕京历史学会会员萧正谊初见他便惊叹道:"我以为何炳棣是江南文弱书生,没料到他是关西六尺大汉。"

清华学生吴宗济便写诗描绘过当时运动场上热火朝天的场面:

体育馆

下课钟敲赶斗牛,白红两队喊加油!

匆匆淋浴更衣后,再去餐堂买饭筹。

而清华体育得以声名远扬,在于它的比赛成绩出色,清华的运动员给清华带来不少的荣誉,在各种运动比赛中总是占得先机。在最初的几次远东运动会中清华的选手赢得不少锦标,为国家争取光荣。清华足球队就因为实力过硬在赛场上声名远播,在当年的清华学生印象中留下过这样精彩的回忆:当时华北有五大校足球赛,包括北大、清华、师大、燕京、辅仁。其中燕京、清华、辅仁实力都不俗。放眼全国,华南、华东的足球队实力相当雄厚,他们原来都看不起华北的,认为华北篮球行,足球则非敌手。当时以华东交大的足球队最强,他们远征华北以清华为对象,大家都觉得胜败儿无悬念,自信满满。清华派出的阵容是前锋徐仲良、姚醒黄、关颂韬、华秀升等,后卫之一是李汝祺，守门是董大酉。这一战打得相当精彩，徐仲良脚头有劲，射门准而急，关颂韬最会盘球，三两个人奈何不得他，冲锋陷阵如入无人之境，结果清华以逸待劳，侥幸大胜。当时所有北平的报社记者，都将其当作很重要的消息报道。而清华更是在星期一补放假一天以资庆祝。经过这一战，清华的足球队就蜚声球坛了。

另一场让当年清华学生梁实秋难忘的是对北师大的篮球赛。当时北师大在体育方面也是人才辈出，篮球队中一位姓魏的尤负盛名。北师大和清华在篮球方面不相上下，可说势均力敌。清华的阵容是前锋有时昭涵、陈崇武，后卫有孙立人、王国华，以这一阵容为基本的篮球队曾打垮菲律宾、日本的代表队。清华与北师大鏖战的结果是清华占地利因而险胜，孙立人、王国华的截球之稳练更令人叹为观止。①

不仅球场上比赛激烈，赛场边"拉拉队"的表现也不逊色。你看："主客争雄战正酣，拉拉队里喊声喧。射门一踢奇功奏，赢得伊人另眼看。"②观赛时两校"拉拉队"分坐赛场左右两个看台，两队遥遥对喊，互相打擂。为了让清华拉拉队更加专

---

① 梁实秋：《清华八年》，载全国政协文史和学习委员会编《回忆马约翰》，中国文史出版社，2017，第238页。
② 吴宗济：《清华旧事竹枝词》，《清华校友通讯》2008年第58期。

业,马约翰特别组织编写了"清华必胜"的歌词和曲谱,平日训练有素,比赛场上声震全场。歌词是:

Tsinghua Tsinghua,Tsinghua must WIN!

Fight for the finish,never give IN!

You do your best,BOYS!

We do our best,BOYS!

Fight for the VICTORY!

RA RARA! RA RARA! RA RARA!

应该说清华在运动竞技方面取得的出色成绩离不开清华历史上一个传奇人物——马约翰。他出生于福建厦门鼓浪屿,读书时候就曾是运动员,1905年在上海参加了"万国运动会",还夺得了1英里赛跑的冠军。马约翰十分好学,他利用集中休假一年的时间,于1919年和1925年两次到美国春田学院学习,那是美国最古老的体育学院,拥有100多年历史,中国老一辈学体育的很多都毕业于那所学校。1914年马约翰应聘到清华任教,最初他教的是化学科目,而他始终关注清华的体育教育,因为他深刻认识到清华学生以后要出洋留学,不能以"东亚病夫"的面目出现。他满怀忧虑地指出:"中国是一个最古老的伟大的幸存国家,它的面积 3 913 560 平方英里,人口大约为四万万,全体人口都是羸弱或多病的,而且经历着不卫生不健康的生活条件。这是一块人民生命不断遭到疾病折磨的土地。啊,中国需要体育,就像一个结核病患者需要治疗一样。"①

考虑到清华学生毕业后要选派赴美留学,代表的是中国新一代的形象,他曾经这样对学生说:你们要好好锻炼身体,要勇敢,不要怕,要有劲,要去干,别人打棒球、踢足球,你也要去打、去踢。他们能玩儿什么,你们也要能玩儿什么。不要给中国人丢脸。不要人家一推你,你就倒;别人一发狠,你就怕;别人一瞪眼,你就哆嗦。中国学生,在外国念书是好样的。学生在体育方面也不要落在人后,大家不仅念书要好,体育也要棒,身体也要棒。②

他身材粗壮,性情温和,双目炯炯有神,一年四季穿着运动服,即使在数九寒天,也是上套毛皮夹克,下穿短裤、长筒毛袜与运动鞋。电影《无问西东》中有这样一个镜头,老当益壮的马约翰带着一队联大学生,穿着背心短裤,在雨中喊着口令

① 王维屏:《马约翰的体育教育之路》,载全国政协文史和学习委员会编《回忆马约翰》,中国文史出版社,2017,第56页。
② 张孝文:《在马约翰诞辰一百一十周年纪念会上的讲话》,载全国政协文史和学习委员会编《回忆马约翰》,中国文史出版社,2017,第26页。

跑步。那"一、二、三、四"的呼号深深打动着观众的心,这画面令人感慨万千。在那个物质条件异常艰苦的环境中,大批青年学子来到后方继续学习,使中华文明弦歌不辍。而正是马约翰强调的"干到底,决不松劲"(Fight to the finish and never give in)的精神,支撑着很多清华人走过艰难的道路,攀登到人生的顶点。

据他的学生回忆,马约翰教授体育很注重方法,因地制宜。天暖时,在大操场上教学生各种体育活动,如跑步、跳高、跳远、柔软操或打篮球、排球;天冷时,则在体育馆里操作各种体育器械,或打篮球,或游泳,他要求每生必须至少能游20米。而在运动之外,他更强调意志品质的重要性,他认为体育不仅仅是锻炼身体,更重要的是培养人的两种精神,他常用两个英文词表示,一是 sportsmanship,二是 teamwork。前者是竞赛精神、竞赛道德、竞赛守则之意;后者是各守岗位,各尽全力,不突出个人,处处顾全大局的整体精神。马约翰曾在《清华周刊》上发表过一篇文章,强调重视体育道德。他认为"从事运动者,道德为重……否则虽力大如牛,将如无羁之马,奔放逐斗,无往而非害事之母,如此影响其将来一生事业"。运动员都有好胜心,但马约翰更强调 Fair Play,反对使用不干净的手段。当时清华足球队有个很出名的足球运动员,球踢得好,速度快,传球准,在整个华北都很出名。他的作风本来不错,后来暑假踢球时学了不少坏毛病,勾人、压人,因为在场上老犯规,被马约翰停了一年,不准代表学校参赛。

马约翰的教学受到师生的认可。罗家伦任校长时,起初他并不重视体育部,把马约翰从教授改为职员,许多同事为他打抱不平,也有人劝他离开清华另谋高就,但马约翰并未动摇。1929年华北足球赛在天津举行,马约翰仍带领清华足球队出征,并在华北足球赛上捧回冠军。回校时,全校师生夹道欢迎,抬着马约翰和队员走进校门。罗家伦一见,恢复他原薪原职,还送来一个银杯。

马约翰对清华体育和清华精神的贡献,在清华校友中也代代相传,今天的清华校园中还立有他的塑像,以此纪念这位清华历史上的传奇人物。

不容小觑的高校实力队

随着风气渐开,在各地高校中也形成了不少有专长的运动队。拥有华侨背景的国立暨南大学很重视体育锻炼,学校尤以足球、篮球、田径等体育队为突出。暨南大学足球队在江南八大学足球锦标赛中,常独领风骚。1928年前后足球队曾远征国外各大都市,均载誉而归。球队队员陈镇和、冯运佑、

徐亚辉、戴麟经、陈家球、陈镇祥等先后代表中国足球队参加
远东运动会,陈镇和、徐亚辉还曾代表中国足球队参加 1936
年在德国柏林举行的第十一届奥林匹克运动会。暨南大学的
篮球队实力也不俗,在江南八大学篮球锦标赛中成绩突出,主
力队员蔡演雄、王南珍、尹贵仁等还代表中国篮球队参加 1936
年在德国柏林举办的第十一届奥林匹克运动会。学校田径队
的主力队员郝春德、博金城、符宝庐等也曾代表中国田径队参
加第十一届奥林匹克运动会。①

　　私立南开大学的体育发展也很早,学校田径、球类和武术
等都很发达。在历届华北或全国运动会上,南开也是一支劲
旅。这和校长张伯苓的重视是分不开的。张伯苓会亲自到赛
场观看比赛,而南开的篮球队曾出现过"五虎将"李国琛、刘建
常、王锡良、唐宝堃和魏蓬云。他们曾代表中国参加远东运动
会。张伯苓不仅重视男生的体育,也关心女生的体育,男女学
生都是文武全才,是他的体育方针。

　　除此之外,上海南洋大学、北师大等学校在体育方面也各
有所长,在地区联赛、远东运动会等各类比赛中常常一展
风采。

---

① 蔡世英:《暨南大学杂忆》,载钟叔河、朱纯编《过去的大学》,长江文艺出版
　社,2005,第 278 页。

体育与国民精神的塑造

近代中国的积贫积弱，促使更多中国人走出去看世界，而当走出去的国人回头反观我们的文化时，对传统中华追求文质彬彬的智力训练，而少野蛮体魄的体格锻炼提出了挑战。严复曾写道："劳心劳力之事，均非体气强健者不为功。"孙中山即主张"夫欲图国家之坚强，必先求国民体力之发达"。蔡元培也提出："有健全的身体，始有健全的精神。"

在学生中塑造体育精神的作用更值得重视，清华老校长周诒春在给清华学生的毕业致辞中更勉励他们要加强体育运动，他认为，第一，体育于办事之能力，有绝大之关系。世界上、社会上，处各种重要位置之人，无不宜有最坚强之体力。第二，体育之中，实寓有智育之价值。凡习于联合运动之人，其所练习之要点，即在熟知应如何联络、如何团结、如何避险、如何行用其决心，胜不骄傲、败亦不懊丧，在平日已养成百折不回之习惯。所以终能达到其优胜之目的，而立于生存竞争之世界。①

体育不光是对技巧的一种训练，同时也是对竞争意识、

---

① 顾良飞、李珍编《清华大学历任校长演讲精选——开学和毕业的精彩瞬间》，清华大学出版社，2013，第 12 页。

人格品质的塑造,从教会大学到国立大学,体育的精神在传播,而年轻人得以在竞技场上一展风采,在训练场上完善自我。在海外留学生中也有人专门攻读体育专科,学习科学体育理论知识,如马约翰曾就读的春田学院就走出过一批中国体育人,包括董守义、舒鸿、牟作云、马启伟等,他们回国后为学校的体育教育和国民身体素质的提高做出了重要贡献。

随着风气渐开,女子教育更被赋予重要的意义。梁启超主张"兴女学",女校兴起,女子有机会走出家门,去读书留洋,走上职业的道路。女校女塾中的课程设置也日趋现代,设有体操等课程,女性得以摆脱缠足的命运,奔跑在赛场上。近代教会女校的兴办,更把西方男女平等、德智体全面发展的理念传播开来。杨绛在东吴念书时,就不是个"书呆子",演讲、体育、文学,她都感兴趣,还曾经作为学校女子篮球队的成员,在苏州女子运动会上亮过相。

当然,这些都是社会风气转变的标志,体育的理念真正为广大民众和社会接受,还是个缓缓渐进的过程。伴随这个过程的也是近代中国在政治、文化、教育等各个方面深刻的转折和发展历程。

今天的我们坐在电视机前为中国代表团的运动健儿加油

喝彩的同时，回顾下近代体育在高等教育事业中经历的发展，或许会对那些运动场上的健儿有更深的敬意。他们象征着一代代中国人的精神，不仅有智慧的头脑，也有健康的体魄、公平竞争的意识和永不服输的精神。

校园里的别样风景：
活跃的学生社团

对于今天的大学生来说，社团生活一定是丰富多彩的大学生活的重要组成部分。每年开学之际，北大校园核心地带三角地大讲堂前面总是会迎来热热闹闹的各社团招新场面。这条从头到尾短短百米的路，被各色条幅和招新桌子摆满，一路走过，手中被塞进的传单不下几十张，还有各种花样百出的吆喝：轮滑协会摆起了地钉，老会员身手敏捷地在路上秀着潇洒的滑冰技术，让人眼花缭乱；吉他协会捧起大大的吉他边弹边唱，一首首舒缓的校园民谣唱得人心神荡漾；山鹰社的旗子远远就飘扬着，体育馆门前的模拟训练场便是他们一展身手的舞台，每次路过看到他们轻盈的身姿跃上几乎垂直的模拟岩壁，心中总是无比羡慕；自行车协会也不甘人后，每年暑假川藏线的经典骑行之旅，留下了许多精彩故事和照片。还有各色各样的其他协会让人目不暇接，总之，不用担心你的爱好太小众，在这里你总能找到志同道合者，实在不行，就自己拉起一支队伍呗。

每年这场人气鼎沸的社团招新活动被同学们形象地戏称

为"百团大战"，要说学校究竟有多少学生社团，笔者也未留意，不过大大小小林林总总算在一起或许还真得上百。在这么多社团中影响力较大的有公益服务类的"爱心社"，体育类的"山鹰社""车协""轮滑协会"，文艺类的"北大剧社"，新闻类的如校刊"北大青年"、北大广播台，青年类的有校团委等。这些社团或侧重学术研究，或关注文艺体育，或从事社会服务，或组织青年活动，把校园生活点缀得有声有色。平时，山鹰社每晚有未名湖畔的跑步训练，轮滑协会的成员晚上组织湖边"刷夜"，周末也可以去为北大剧社的演出"打 call"，他们排演的张爱玲剧本一直颇受欢迎。学术型社团的繁荣则展示了青年生活的另一方面。天蒙蒙亮时，便有古典诗词的爱好者在未名湖畔朗读古诗，让路过的老师也赞叹不已。有次爱开玩笑的老师上课时说起，如果他们请我做指导，我会从《诗经》读起。有些学术社团的历史更可以追溯很久，如"马克思主义研究会"等。在社团里，同学们可以平等交流，自由辩论，锋芒正健的学生为了捍卫自己的观点也是毫不相让。但大家又是志同道合的朋友，他们发挥自己的才干组织各式各样的活动，增进协会会员间友谊。周末京郊爬山赏花，晚上学校周围吃烤串喝啤酒，虽然简单，却不影响大家把酒言欢，谈天说地，聊学术聊人生的热情。

　　社团生活是校园文化生活的一个生动侧面，它展示了学生们活跃的思想、迸发的创造力、良好的组织力和不竭的热情。而曾经的校园里也活跃着大大小小许多社团，前辈们在社团中切磋学术、交流思想、历练能力，不少人都留下了生动的回忆，今天读起来也别有一番滋味。

"兼容并包"的思想引领

　　大学是近代的产物，而北大前身京师大学堂便是戊戌变法的产物。不过在那个新旧杂陈的年代，曾经的北大是座官僚习气浓厚的学府，不少学生以上大学为晋升阶梯，兴趣并不在研究学问上，他们上学往往不是为读书，而是想方设法混资历、找靠山，更有甚者聚在一起便是打麻将，逛八大胡同，却很少钻研学问。

　　1916 年，著名教育家和民主主义革命家蔡元培出任北京大学校长，提出要"循思想自由原则，兼容并包"，进行思想解放，力求学术繁荣，北京大学的整体氛围为之一变。思想解放的口号吸引了一批一时之英杰，李大钊、陈独秀、胡适等名师都曾在北京大学任教。他们在北京大学传播当时最为先进的思想与文化，从而使北京大学的文化氛围空前活跃。新文化的培养不仅铸造了当时北大人的文化人格，也为北大社团文化的初步发展奠定了基础。

蔡元培掌校之后，提出大学的本质在研究高深学问，为了鼓励研究，他提倡思想自由，举办学术讲座，组织学术团体，发起了新闻研究会、哲学研究会等社团组织。他亲任新闻研究会会长，以"研究新闻理论，增长新闻经验，谋求新闻事业之发展"为宗旨。研究会关注新闻实践与理论研究，并邀请著名人士来演讲，李大钊就时常会来做演讲，而当时著名的新闻界进步人士、《京报》总编辑邵飘萍也被请来宣讲办报经验和新闻理论。

为了促进北大学生的道德培养，端正北大的校风，在蔡元培的直接倡导下，成立了进德会。根据该会宗旨，进德会有三种会员：甲种会员要求不嫖、不赌、不娶妾；乙种会员于甲种会员的三戒之外又须不做官吏、不做议员；丙种会员又须不饮酒、不食肉、不吸烟。愿意入会者可以声明愿为哪一种会员，不同的会员有不同的约束。进德会在当时得到了北大师生的响应和支持，李大钊、陈独秀、高君宇等468名北大师生成为进德会最早一批会员。蔡元培正是用这样的方式培养学生高尚的道德情操。

蔡元培也相当注重美育对学生的影响，在他的鼓励下，师生组织"画法研究社""音乐研究会"等一些课外文化艺术活动,来培养学生对美育的兴趣,贯彻其"以美育代宗教"的主张。

在蔡元培革新精神的指导下,北大气象一新,在思想学术方面迸发了热烈的火花。陈独秀当文科学长后,引进许多进步教授,把在上海的《青年》杂志转移到北京,改名为《新青年》,成为进步教授发表言论的阵地。学生中也涌现了一批进步的政治团体,像少年中国学会、新潮社等。少年中国学会以"本科学的精神,为社会的活动,以创造少年中国"为宗旨,出版有《少年中国》月刊和《少年世界》。新潮社的刊物叫《新潮》。这些刊物都是由学生自己写稿、自己编辑、自己筹款印刷、自己发行的,面向全国,影响全国。由于各派学生观点不一,立场不同,通过刊物这一重要舆论阵地,在全国扩大了思想的影响力。这些社团的创办对当时的思想启蒙起了很大的推动作用,也正是五四运动前国内思想界以及青年学生中间思想解放、关心国家命运的重要体现。

各类学生社团组织蓬勃兴起

五四运动前后北京大学的社团组织迎来了一个发展高潮,期间涌现一大批富有创造力的、高质量的社团,这无疑是五四新文化运动的直接产物。新文化运动在当时的知识界引起了强烈的反响，北大的进步青年同样给予了积极的回应。他们通过社团的形式组织起来，广泛开展活动，出版刊物，研究问题，寻找出路，进行宣传，形成了追求真理、追求解放的热潮，也对当时爱国民主运动的深入开展起了积极的作用。而五四爱国运动的爆发与深入开展，又进一步促进了广大青年的思想解放和对国家命运的关心，学生组织在各地高校中如雨后春笋般蓬勃发展起来，它们的兴起有力推动了现代中国思想文化的形成，同时也反映了那个时代青年活跃的思想面貌。从早期学校社团组织的活跃分子中更走出了一批革命家、学者和其他各领域的精英人物，他们在早年的社团活动中即崭露头角，开始历练，之后走上专业的道路。

在学生自治组织锻炼

随着五四运动的兴起，学生也越来越积极地向学校争取自主权力，其中最重要的具有官方身份的学生自治组织便是"学生评议会"，那是全校性的代议机构，由各级推选一定名额的"评议员"组成。会议的组织、召开，章程的拟订、通过、修正，人员的选举，提案的处理，等等，模拟的都是议会政治的模样，规模虽小，却五脏俱全。

女作家冰心在读书时候还是个活跃分子，她是燕大女校

"学生自治会"的骨干,自治会里设有很多专门委员会,因为她没有住校,除了伙食委员会没有参加外,其他都赶上了。学生自治会成员热心社会福利工作,而每办一项福利工作,就得靠"自治会"筹款。于是,业余时间冰心还热心投入演戏卖票的工作,她们演了不少莎士比亚的戏,如《威尼斯商人》《第十二夜》等,在她记忆中,鲁迅还曾去看过她们的戏。①

据清华学生,后来著名的社会学家潘光旦回忆,清华的学生们热心仿效美国三权鼎立的模式,曾向学校提出要求,要成立"学生法庭",并选出了审判官和检察官。结果学校还真拨了一笔钱,为这些"法官"们缝制"法服"。潘光旦就当过第一任也是最后一任检察官之一,还"峨冠博袖、大摇大摆地在同学们面前炫耀过一番"。②

抗战时在后方建立的西南联大也设有学生自治会,在自治会选举时,由于两派的竞争,大家还要努力活动去争取中间派学生的支持。而学生自治会在代表学生向校方沟通学生的利益,关心宣传时事问题等方面也发挥了诸多作用。

除上述社团组织外,学校还有各班各系各院的学生会组

---

① 冰心:《我的大学生涯》,《书摘》2003 年第 2 期。
② 潘光旦:《清华初期的学生生活》,载《民国大学　遥想大学当年》,东方出版社,2013,第 235—236 页。

织。班有班会，系有系学生会，院有院学生会。此外还有同乡会等，组织同乡学子交流乡谊联络感情，有些同乡会组织在政治活动中是很有力量的。这些学生会、同乡会及社团组织的负责人和骨干分子不少在"五四运动"中是比较活跃的。

演讲与辩论的兴起

清华大学很重视学生演讲、辩论的练习和技能培养，时常有全校性的、班级性的，或是学生社团自己举办的演讲辩论比赛。在大学英语课中还特设一门"训练演讲技巧"。老师会现场示范如何用姿势动作配合演讲，以增加演讲的说服力。洪深（后为著名剧作家）曾在 1916 年以《敬惜字纸》的题目获得汉文演说比赛的亚军。北大同学也发起过"雄辩会"，以练习作讲演和彼此辩论的技巧为主要内容。当时参加的学生多为法科学生，他们曾邀请主讲印度哲学的梁漱溟在会上演讲。

得天时地利之便的学校时常会邀请名人来演讲，冰心在燕京大学时就曾邀请过鲁迅、胡适、吴贻芳等诸多名人到校演讲。清华的讲台更是大家荟萃，当时曾邀请过颇具国际声望的哲学家杜威来演讲，当时他的实验主义哲学思想风行一时，胡适等一批人都为他的学生。

在社团中积极参与社会服务

在学校里,学生也努力创造学习实践、学以致用的机会。在北大就出现了如学生储蓄银行、消费公社等学生自我服务和实践类的社团。学生储蓄银行为股份有限公司,发行股票,由学生和教职员共同投资组织,以奖励学生储蓄和练习银行业务,为学习经济商业的学生提供实习场所。银行事务员都由学生担任,当时在北大任教的马寅初曾经出任银行的查账员。消费公社也是北大学生和教职员共同投资组织的机构,以社员得价廉物美之物品为宗旨。社员购物有一定的折扣,并且可以按照股份享有数目不等的赊购权利。社团事务全由学生管理,同时也是学生练习商业的场所。这一类社团不但反映了北大学生"实业救国"的理想,丰富了校园文化,而且为学生实践所学提供了很好的场所,使身处校园的他们有机会从服务学生开始向社会实践过渡。

受当时"教育救国"思想的感染,不少学生在校内或校园附近做识字普及工作。他们服务的对象往往是学校"工友",连同他们的家属,因为他们几乎没有什么文化,也不识字。而年轻的冰心就当过一回这样特殊学校的"校长",当时燕大学生为学校附近佟府夹道的不识字的妇女们,义务开办了一个

"注音字母"学习班,冰心被委派为校长,一手承包了租房、招生、请老师等一系列活。开学第一天,冰心按照惯例前去"训话",她一看台下坐的都是中年妇女,只有前排坐着个聪明俊俏的姑娘,便主动和她答话,得知她是识字的,不过想来学学注音字母。那个姑娘问冰心:"校长,你多大年纪了?"冰心笑答:"反正比你大几岁!"①

清华学生热心于此的也不少,当时他们在校内办起了夜校,在校外,如城府、三旗、西柳村、大石桥等村落,还办起了露天识字班。傍晚时分同学便轮班出动去教课。曾经有一个补习学校坚持很久,影响颇大,它的主持人陈鹤琴当年还是清华学生,他骄傲地记得因为办夜校,他的一张照片还被学校内的理发师傅挂在高等科的理发室内,以作纪念。陈鹤琴回忆当时的情形是这样的,在校期间,他在校内开了一班校役补习夜校,在成府办了一个义务小学。两校的校长都是他兼,教书则请了许多同学帮忙。校役夜校有三四十人上课,成府小学也有十几个儿童。在他毕业离校赴美之前,一个夜校的学生,也就是学校的理发匠对他说:"陈先生,你要离开我们了,我们觉得很难过,你待我们实在好,我们不能忘记你。"于是便索要了

---

① 冰心:《我的大学生涯》,《书摘》2003年第2期。

他的照片挂在理发室。

难得的是陈鹤琴办的这所义务小学后来一直被保留下来。1937年中华儿童教育社在清华举行第七届年会,陈鹤琴趁此机会探听当初创办的义务小学的情形。据该校校长说:"这个义务小学现在有很好的校舍,学生有几百,经费由清华教职员供给。"另一个惊喜是在清华开会期间,清华饭堂里厨房老师傅看见他,也非常高兴地认出他来,问道:"你不是陈先生吗?"①这份记忆让他深切感到当年的付出十分值得。

西南联大来到云南后,很多师生发现当地人受教育机会很有限,于是师院进步同学创办了联大第一所"民众夜校",他们借用师院旁边的龙翔小学作为校址,招收8—10岁的失学儿童。从1945年春天开始,办了两期,每期二十多人。他们教孩子们唱歌,自编识字课本,将革命道理融于其中。这所"民众夜校"办得很有影响,深受当地群众欢迎。

办"民众夜校"是一种难得的实践机会,学生们既锻炼了组织经营的能力,也能切身感受中国社会的真实面貌,体会城市和乡村底层人的生活,这种经历给大学生们带来很大的冲击。他们中有些体会到教育的重要性,最终选择教育为终身

---

① 陈鹤琴:《我的半生》,上海三联书店,2014,第158—159页。

事业；有的感受到社会的不平等，想通过自己的努力来改造社会，后来走上革命的道路。

广泛发展文体兴趣

学生时代正是活泼好动的年纪，又有不少人文艺爱好广泛，于是，通过社团召集志同道合的人在一起，便是很好的办法。当时北大的文体类社团琳琅满目，有书法研究社、画法研究社、造型美术研究社；有音乐传习所，自琵琶、二胡以至钢琴、小提琴各种管弦乐器，都有专门的指导老师教；要学骑术即有马让骑，要学武艺就有拳师教；昆曲、摄影、围棋、象棋也都聘有专门老师指导。

梁实秋在清华读书时就曾邀同学组织一个专门练习书法的"戏墨社"，骨干有吴卓、张嘉铸等人。吴卓临赵孟頫的《天冠山题咏》，柔媚潇洒，极有风致；张嘉铸写魏碑，学张廉卿，有古意。按照规定，社团也要向学校报备，于是他们还请了汪鸾翔先生做导师。

后来梁实秋对于文学产生浓厚的兴趣，于是他邀集翟桓、张忠绂、顾毓琇、李迪俊、齐学启、吴锦铨等人组织"小说研究社"，出版了一册《短篇小说作法》，还占据了一间寝室作为社址。稍后扩大了组织，改名为"清华文学社"，吸收了孙大雨、谢文炳、饶孟侃、杨世恩等以及高三个年级的闻一多，共30余人。他和闻一多所作之《冬夜草儿评论》即成于是时。

三校合并搬迁至昆明后，联大学子社团活动也很活跃，为了宣传抗日救国，他们中一些歌咏戏剧骨干决定排演多幕话剧《祖国》，并在此基础上成立"联大剧社"，请闻一多做指导。在闻一多等的热心指导下，他们先后演出过《祖国》《黑字二十八》《原野》《夜光杯》《夜未央》《雷雨》《雾重庆》《刑》等很多宣传抗日救国的大型话剧和独幕剧。这些进步剧目的演出对于宣传爱国抗日思想起到了积极的推动作用，也成为广泛团结联大老师、同学和校外戏剧爱好者的平台。

一般来说，社团经报备成立后，经费由学校补贴，活动包括分组研究、约请学者讲演、主办定期刊物等，这些丰富多样的学生社团对活跃校园文化起到了积极作用。

在学生社团中成长

学生社团的活跃受益于时代的风气，社团本为交流思想、沟通友谊的桥梁，大家志同道合聚在一起切磋学问、磨砺道德、交换知识、联络感情，既不拘束，又能互相启发。在新旧杂陈的年代，校园里老师之间思想有碰撞，社会上有各种观念，这也反映到了学生们的思想观点中，他们便以社团为阵地宣扬自己的主张。

"新潮社"是五四运动前夕北京大学的著名社团之一，它成立于 1918 年 11 月 19 日，发起人是当时的北大学生傅斯年、罗家伦、徐彦之等。在当时新文化运动影响下，新潮社的社员们通过自己的刊物《新潮》杂志，喊出了"伦理革命"的口号，对中国的封建伦理道德和文学进行猛烈的抨击，起到了一定的进步作用。李大钊、鲁迅、陈独秀等人都对新潮社的成立和《新潮》的出版给予积极的支持，李大钊和鲁迅还为《新潮》撰过稿。但同时，"新潮社"的主张也受到保守派的猛烈攻击，对此傅斯年回应，他们的宗旨就是宣传文艺思想、人道主义，追求"真我"。这样的思想交锋，不仅启迪了一大批青年学子的新思想，也使新文化运动收获了一批新鲜而富有战斗力的血液。

北京大学扛起了新文化运动的大旗，也是我国马克思主义最早的传播基地，而马克思主义在北大的介绍、研究和传播，就曾依托过社团。随着十月革命对中国影响的逐步加深，加上李大钊等人对于十月革命热情的撰文宣传，中国先进的知识分子对于马克思列宁主义的需要日益迫切。"五四运动"之后，在中国马克思主义先驱李大钊的倡导下，北京大学先后成立了两个研究社会主义和马克思主义学说的社团："北京大学社会主义研究会"和"北京大学马克思学说研究会",后者尤其在提高革命青年的马克思列宁主义水平和传播马克思列宁主义方面起了重要的作用。"北京大学马克思学说研究会"发起于 1920 年 3 月,经过一年多的酝酿和筹备,到 1921 年 11 月 17 日正式公布规约,征求会员。短短几个月就发展到 60 余人。学会成立了 3 个特别研究组和 11 个固定研究组,除了研究马克思学说外,还研究当时国内外的重大问题,国民共产主义运动问题和各派社会主义,并就有关问题组织讨论会,进行专题讨论。此外,还配合研究工作组织了定期讲演会。在李大钊领导下,"北京大学马克思学说研究会"曾经广泛地吸收会员,在其规约里写道:"对于马克思派学说研究有兴味的和愿意研究马氏学说的人,都可以做本会的会员。"研究会推动了马克思主义的理论研究,也使得北大出现了一批热心学习和研究马克思主义的积极分子,这些人中很多都是早期的共产党员和共青团员,如邓中夏、黄日葵、何孟雄等都是研究会的最早成员和组织者。

这些学生社团组织不仅推动了新知识、新文化的传播,影响了一批批青年人,对于许多青年的个人人生选择也起了不少助推作用。

诗人吴奔星大学时代也怀着诗的梦想和友人一起创办了

《小雅》诗刊。尽管他们办刊完全是两个穷学生自掏腰包,但热情丝毫不减。凭着那股热情,他自己找社址、联系印刷厂,而接头跑腿、洽商代销处等烦琐的事,就靠着同学李章伯骑着自行车跑了下来。吴奔星连夜写好《小雅》诗刊的创刊征稿启事,送到北平老资格的《京报》副刊发表。没想到这份初创的诗刊收到了诸多前辈投稿,南开西文系主任柳无忌,北平的李长之、林庚、罗念生、吴兴华、水天同,江苏的(蒋)锡金,南京的李金发,苏州的路易士,扬州的韩北屏,上海的戴望舒、施蛰存,武汉的甘运衡等中青年诗人的诗稿纷至沓来。吴宓更寄来几十首《忏情诗》并附赠一册中华书局出版的《吴宓诗选》。诗刊问世后,销路也格外好,试印 500 册,很快就售罄,后来又加印 500 册,除平津上海外,优先供应武汉、长沙和广州三处。诗人"试水"的成功经验为他的学生生涯留下了浪漫的回忆。

在组织社团活动的过程中,青年人学习到实践组织的能力。社团要有章程,请指导老师,内外联络,锻炼了个人的能力。同时会议组织的方法、刊物的编辑、会员的协调等,都对他们是个新的尝试。但年轻人不怕,为着自己的事业,他们有一股闯劲。不少人社团中找到了兴趣所在,有些还将其发展为毕生挚爱的事业。剧作家曹禺小时候曾想学医,但他在南开中学受到话剧的熏陶,从此便喜欢上了话剧创作,最终在话剧创作上取得了巨大成就。

社团也给了学生自由思考、自发研究的机会。蔡元培倡导改良学风的一个着眼点便是鼓励办社团，大家凭着自己的兴趣，在业余时间切磋交流。这里没有功利的目的，却有平等的思想的交流。

社团也让学生有机会去走近社会、服务社会。大学被称为"象牙塔"，大学生更曾是特别珍贵的。但久居其间，往往只学会了课本上的知识，却无法真正服务应用于社会。蔡元培就提倡"平民教育"，学生们课下利用一些时间，到夜校去教课，到平民补习班去指导识字，他们收获的是难得的和穷苦群众直接打交道、了解真正的中国的机会。社团也是同学之间缔结友谊、互相砥砺的平台。运动场上的精诚团结，唱歌队里的密切配合，这些都是社团带给学生们学习以外的收获。而这些经历都将成为青年学子难忘的回忆和宝贵的人生经验。

本章参考书目

1. 陈平原、夏晓虹：《北大旧事》，北京大学出版社，2009年。

2. 张中行：《负暄琐话》，中华书局，2006年。

3. 何兹全：《何兹全文集》（第六卷），中华书局，2006年。

4. 中国人民政治协商会议全国委员会文史和学习委员会：

《文史资料选辑》,中国文史出版社,2011年。

5. 郑小惠、童庆钧、高瑄:《清华记忆——清华大学老校友口述历史》,清华大学出版社,2011年。

6. 杨步伟:《一个女人的自传》,岳麓书社,2017年。

7. 潘光旦:《直道待人　潘光旦随笔》,北京大学出版社,2011年。

8. 何炳棣:《读史阅世六十年》,中华书局,2012年。

9. 苏云峰:《从清华学堂到清华大学(1928—1937)》,生活·读书·新知三联书店,2001年。

10. 许渊冲:《诗书人生》,百花文艺出版社,2003。

11. 黄延复:《水木清华——二三十年代清华校园文化》,广西师范大学出版社,2000年。

12. 徐以骅等:《上海圣约翰大学：1879—1952》,上海人民出版社,2009年。

13. 顾良飞:《清华大学历任校长演讲精选——开学和毕业的精彩瞬间》,清华大学出版社,2013年。

求学记忆篇：
终生难忘的大学时光

    大学的时光是美好的，在图书馆留下埋头苦读的身影，在校园里留下步履匆匆的脚步，在宿舍留下室友间嬉笑欢乐的回忆。大学的时光也是短暂的，随着毕业典礼的到来，这些都将成为最美的记忆，多年以后回想起来仍让人感到温暖。

    毕业礼上，你带走了4年苦读换来的沉甸甸的文凭，开始了人生另一段探索的旅程，无论是漂洋过海继续学业，还是走向社会，用实践改造这个世界，你的身后始终有师长们关切的目光。临别时他们殷殷叮嘱，年轻人要注意身体，要有远大理想，也要脚踏实地去干。

    当时的你或许踌躇满志，只想快点奔赴那个新的目标。现实生活有时会给你无情的打击，让曾经身为"天之骄子"的你尝到生活的酸甜苦辣。无论你遇到什么困难挫折，当你回想起来，师长们的那番寄语永远是最温暖的鼓励。

　　不同于今天的我们，大师求学生活的年代充满动荡不安，他们怀有对祖国和民族命运的担忧，更怀有兼济天下的雄心壮志，当他们离开校园奔向那个更为广阔的世界之时，大学生涯给他们留下的最深记忆是什么呢？

最后一课：那些
难忘的毕业致辞

　　每年夏天的六七月份,高校总会迎来一年一度的毕业季,这时候的校园里总会有一群群穿着毕业袍的学生们兴高采烈地跑来跑去。他们来到图书馆留影,纪念曾经在图书馆留下的埋头苦读的时光;到学校的食堂再打一回卡,尽管曾经对食堂的饭菜有诸多抱怨,不过这一回他们吃得格外认真,仿佛品出了离别的滋味;掏出精美的毕业留言册,拉着每个同学在上面写留言,与同学们朝夕相处的日子终将成为美好的大学生活中难忘的一部分;完成了毕业答辩,赶紧拉上导师一起合照留念,几年间的苦读或许是为了取得学位,然而不知不觉间也收获了知识和成长。有的毕业班学生会精心准备,在毕业生晚会上为大家献上一台属于毕业生自己的毕业演出,唱一曲校歌感受薪火相传的精神,或是来个男声小合唱,不知不觉歌声、笑声、掌声都融在了一起。

　　毕业典礼是最有仪式感的一环,在学校大礼堂,灯火通明,师长们已庄严肃穆集体穿卜了礼袍,毕业生们排着队上前等待一一拨穗。校长、教授、嘉宾为大家送上临别的祝福,这将是大家毕生难忘的场景。还记得若干年前北大的毕业典礼上，学校请了历史学系的校友，被称为"敦煌女儿"的敦煌研究院院长樊锦诗来分享她的人生故事。1963年她从北大毕业后来到敦煌研究院工作，克服种种困难扎根敦煌，为国内"敦煌学"研究做出了开拓性的杰出贡献。当她缓缓说起自己从一个"上海女儿"，不远万里奔赴敦煌，期间长期承受夫妻两地分居的孤独，克服当地困难的生活和研究条件，始终无怨无悔坚守岗位的故事时，现场学生们无不为之深深感染。抬起头正看到礼堂里挂的横幅，上面写着："心系母校，志在四方，胸怀祖国，扎根基层。"这是母校对每一位毕业生的殷切期待和嘱托，也是一代代北大人的精神和信仰。想到此，心中不由得又一次泛起激动，既为身为北大人而感到骄傲和自豪，也暗自下定决心，无论前面会遇到怎样的困难，都要鼓起勇气坚定迈向自己的人生目标。

"毕业礼"在英文中的单词是 commencement，英文中的 commence 意为开始，这也表示毕业既是与学校的告别，也是人生另一个新阶段的开始。当毕业生们离开待了数百个日日夜夜的校园，挥手与师长告别，他们的心中既有留恋与不舍，也有展开人生新阶段的兴奋与期待。而师长们的情绪就更加复杂了，一方面看着这些朝夕相处的孩子即将长大踏上全新的工作岗位,他们有种深深的自豪;但另一方面,作为比学生们阅历更多的长辈,他们也难免会在心中升起一丝丝担忧,告别了曾经的"象牙塔",学生们终将面对的是复杂而现实的社会,不知道他们眼中如同孩子一般的毕业生即将面临怎样的考验,也不知道他们是否能从容应对,同时保有在学校时候的理想、朝气和信念。在毕业之际,师长们通过毕业致辞、留言册等形式,为一批批充满理想的青年们送别,他们期望远行的学子能始终保持积极向上的热情、勤学不倦的态度,为社会、家庭和个人而不懈努力。作为一个过来人,他们又一次提醒青年人该如何为人处世。他们的话语留给我们很多启发,而这些都将成为毕业生们难忘的精神财富。

他们也曾面临困难与迷惘

每次听到新闻,今年又有几百万应届毕业生从高校毕业,希望毕业生摆正心态,早做准备云云的话,都不禁想到自己刚毕业时的迷茫:该找怎样的职业方向,如何找到自己心仪的单位,等等,而这样的困惑也曾摆在前辈们眼前。

曾经的大学毕业生是真正的"天之骄子",在高等教育未普及化之前,国内的大学生数量极少,享受的是精英化的教育,然而当他们毕业以后,面对的现实却未必尽如人意,当曾经的"香饽饽"要面对挑剔的目光和审视，甚至为了求职而放下身段的时候，他们的心理落差可想而知。曾有大学生写信给北大校长胡适，这样抒发他心中的不满："我们毕业之后，就失业了！吃饭的问题不能解决，那能谈到研究的问题？职业找不到，那能谈到业余？求了十几年的学，到头来不能糊自己一张嘴，如何能有信心？"

这样的状况，一方面有社会风气的原因，但另一方面，在师长们看来，毕业生自身的问题也需要检讨。胡适便是这样答复给他写信的学生的："你得先自己反省：不可专责备别人，更不必责备社会。"应该想想：为什么同样一张文凭，别人拿了有效，你拿了就无效呢？还是仅仅因为别人有门路有援助而你没有呢？还是因为别人学到了本事而你没学到呢？为什么同叫作"大学"，他校的文凭有价值，而你的母校的文凭不值钱呢？还是仅仅因为社会只问虚名而不问实际呢？还是因为你的学校本来不够格呢？还是因为你的母校的名誉被你和你的同学闹得毁坏了，所以社会厌恶轻视你的学堂呢？

一方面是大学生稀少带来的金贵，另一方面是大学生不为社会接受认可。面对这样的现实，1933年，在湖南大学学生的毕业典礼上，校长胡庶华告诫学生们，许多大学毕业生不为社会所重视，在他分析看来，他们身上确实存在着一些毛病:"一、自视太高。大学毕业生初离学校,颇有不可一世之气概,视天下事极容易,待人失于谦和,甚至飞扬跋扈,不受上级人员指导;因是各机关、学校、工厂、银行、公司多有宁用较大学生程度稍低者,而不敢用大学生。二、欲望过奢。大学毕业生有宁可无事,但不欲屈就小事者;以为就任小事,仿佛有伤大学生之体面,有失大学生之资格。或初就小事,未几即表示不满,甚至要求加薪或迁调,不遂则拂袖以去。三、经验欠缺。初离学校,经验不富;或以夤缘请托之故,骤负重任,甚或独当一面,处置不得其宜,以致偾事者,往往有之。至于工程人才,更重经验,徒凭学理而无实际试验之根据,必致全盘计划受其牺牲。四、责任心薄。大学毕业生,恒有因位置太低,薪资微薄,而责任心亦不坚强者;遇事敷衍塞责,苟且偷安,不欲力求进步。或志气消沉,渐趋悲观之路;或逾越法度,陷入贪污之阱。五、学业荒废。大学生既获得毕业资格,以后则唯图奔竞,不复从事学问。或用非所学,无须再事研究;或专务应酬,不暇伏案探讨,数年之后,新知固无由增进,而旧业亦完全荒疏,不知不觉为官僚生活所同化,不复有学者态度。"①

---

① 胡庶华:《惩前毖后,新辟途径——一九三三年胡庶华在湖南大学告毕业诸学生》,载杨叔子主编《中国著名大学校长毕业训词》,华中科技大学出版社,2014,第141—145页。

确实，眼高手低、经验不足、主动性不够等问题似乎是青年人的通病，针对这样的状况，胡庶华校长给寻找职业的学生们提出了现实而有针对性的建议："一、不论位置与薪资。凡属有益于国家社会之事，在本人学识经验以内，努力赴之。不计位置高低与薪资多寡。二、不论乡间或城市。城市物质生活较优，人皆趋之，致造成今日都市畸形发展；城中人浮于事，乡村无作事之人。农人子弟入大学后，则家庭少一生产者，而社会则多一食客，今欲促进地方自治，救济农村衰落，非大学生到民间去不为功。三、继续研究学问。学问原无止境，毕业仅为告一段落，尚须继续研究，方能有深造之成功。且一事不知，儒者之耻，不独对于所学应彻底研求；为应付环境需要，即非所专习者，亦当留心探讨。世界科学进步，一日千里，吾人苟事懈怠，则落伍滋惧。四、努力改造环境。大学生乃领袖人才，英国政治大家，多出自牛津、剑桥大学，其他各国政治上之中坚人物，亦多由大学养成。但未为政治领袖以前，当先作社会领袖；负改造社会之责任，具转移风气之力量，方不辜负大学毕业之资格。"①

① 胡庶华：《惩前毖后，新辟途径——一九三三年胡庶华在湖南大学告毕业诸学生》，载杨叔子主编《中国著名大学校长毕业训词》，华中科技大学出版社，2014，第143—144页。

大学文凭只是一块"敲门砖",对于绝大多数毕业生来说,离开学校,真正融入各个行业才是实现个人价值、回报社会的起点,找到适合自己的平台和职业非常重要。而年轻人眼高于顶,看重薪资、工作条件,追求体面舒适,却难以沉下心来做事,这在校长看来并不可取。要脚踏实地、扎根基层,只有把自己深深地投入下去,在现实的土壤中吸取养分,年轻人才能茁壮成长,真正成为栋梁之材。

关于学问和个人追求

胡适在 1932 年为全国大学应届毕业生写的毕业赠言中提到,毕业之后,可走的路无非几条:继续做学术研究;寻得相当职业;做官、办党、革命;还有赋闲在家。除开继续做学术研究,就后面几条路来说,都有堕落的危险,青年人很容易抛弃学生时代的求知识的欲望,抛弃学生时代的理想和人生的追求。

青年人踏上纷繁复杂的社会,便脱离了原先的"象牙塔"的环境,他们将会面对形形色色的诱惑。有的曾壮怀激烈,想要干出一番惊天动地的大事业,可经历三番两次的挫折,却转头自怨自艾,眼里只剩社会不公和怀才不遇的愤懑。有的为生活糊口而奔忙,一直匆忙低头赶路,再也无暇抬头仰望一下天空,看看前行的路。有的沉湎于觥筹交错的场面，忙于八面玲珑，交际四方，口中多是些客套话语，却早已抛却曾经的自省。

如何在毕业脱离了原来的学术环境之后仍保持求知识的欲望和对于理想人生的追求？胡适给出了以下建议：时时寻一两个值得研究的问题；多发展一点非职业的兴趣；有一点信心。

问题是思考的开始，当心中存有问题，便会有动力推动自己的思考，不论是去图书馆找答案，还是在实验室做实验，都需要带着问题出发，不论是学理上的问题还是实践中的问题。有同学曾开玩笑说起，念书时觉得自己特别没想法，工作之后觉得自己想法怎么那么多。北大学生一直被认为想法多且不好管，但毕业以后，多数人逐渐就习惯了朝九晚五的"螺丝钉"式的生活，出于思想上或体力上的惰性，我们不愿意多问多想，只是日复一日地在流水线上磨着。这样的状态让我们失却了学习的热情。但今天的世界是日新月异的，身边的新知识、新发现、新工具层出不穷，对世界保持一颗好奇心，在生活中发现问题，自己动手寻找答案，这才是大学教给大家的"金钥匙"。

在忙忙碌碌、压力很大的职场环境中，职业生活常常占据了我们时间的大半。许多人在校时候是个业余诗人，没事爱去玩玩乐器、逛逛书市、写诗画画，但为稻粱谋的生活让这一切显得多少有些不合时宜。于是，读书时天天摸的吉他慢慢地落满灰尘，书架上再也不曾添过新书。周末时间除了补补觉，大约也都贡献给了考证、做家务和参加各种应酬等。这样的生活让我们不满，扪心自问有时候也想逃离，但我们又似乎被房贷、家用开支等各种俗事牢牢束缚在工作上，动弹不得。培养一些职业之外的兴趣爱好对我们会是种有益的调剂。即使五音不全也不妨开始唱歌，动作不敏捷也不妨在球场上挥几拍，这些不带功利目的的娱乐、社交，或许能让我们真正体会生活本来的乐趣，它或许寡淡，却不失真味。

曾经眼高于顶的我们，短短几年便在社会上磨去棱角。在学校里被精心呵护的理想，到了社会上或许只是遭人白眼的"乌托邦"世界。每天早出晚归，却仍挣扎在生活的底层，渐渐地我们便会对生活失去信心，个人看不到前行的方向，社会也看不到进步的力量。然而我们要始终记得，个人的力量虽然渺小，但要相信，每个人做出一点改变，终究会推动这个社会的进步。

关于人格和品行

大学是塑造学生人格、锤炼学生心性的起点，但毕业之后的生活道路将更加丰富，而人格的培育始终任重而道远。

曾任交通部上海工业专门学校（交通大学前身）校长的唐文治就指出："教育之根柢，安在人格而已矣。……学问之道，当自人格教育始。"①在1930年交通大学毕业致辞中他说："须知吾人欲成学问，当为第一等学问；欲成事业，当为第一等事业；欲成人才，当为第一等人才。而欲成第一等学问、事业、人才，必先砥砺第一等品行。"②

个人品行的好坏，是先于学问和事业的，它是一个人在社会立身之本。磨砺品行，需要经得起诱惑，耐得住寂寞，守得住清贫，做学问如此，成就一番事业也是这样，就如孟子所说的，"动心忍性，曾益其所不能"。毋道人短，毋说己长；脚踏实地，行胜于言。这些品性的培养，将有助于一生的事业。

人格品行的重要再如何强调也不为过，但毕业生即将面对的现实世界或许会对他们的人生观、价值观形成巨大冲击，如此，要始终保持初心，不改初衷，需要的是一番定力。

在1930年北大学生毕业同学录上，时任北京大学第一院

---

① 唐文治：《教育之根柢在于人格——一九一八年唐文治在沪江大学毕业典礼上的演说》，载杨叔子主编《中国著名大学校长毕业训词》，华中科技大学出版社，2014，第117—118页。
② 唐文治：《第一等人品——一九三〇年唐文治在交通大学第三十届毕业典礼上的训词》，载杨叔子主编《中国著名大学校长毕业训词》，华中科技大学出版社，2014，第119页。

主任兼哲学系教授、代理校长的陈大齐有这样的临别赠言："社会如一大冶炉，平日无精邃之修养，临时无坚毅之魄力，投身其中，鲜有不为镕化者。诸君自小学而中学而大学，平日之修养不可谓不精邃矣。然则入此冶炉而不为镕化，要在诸君之能坚毅而已。"①

面对社会潮流，坚持自我不是一件易事，所谓"大师"要授你成功学，同学同事忽而下海淘金，那些炫目的成就难免让人心动。而作为一个个体需要有独立的判断，那是对价值的判断，是内心的衡量尺度。

许多人都会追求"成功"，但这种"成功"不应该是盲目的、不择手段的。成功没有捷径，偶然的侥幸的成功也并不值得鼓励。相反，真正的成功是需要披荆斩棘走出来的康庄大道，这个过程既增强了个人的自信，完成了人格的塑造，也创造了物质或精神的价值。

胡适曾说，在做学问时，要有"大胆假设，小心求证"的精神，于不疑处有疑。其实，在生活中有时也需要这样的"冷思考"。对流行的说法喝一声："拿证据来！"方能成为一个"不惑的人"。竺可桢认为，大学生需要一种"辨是非"的能力，坚持

---

① 陈大齐：《北大毕业赠言》，载北京大学档案馆《国立北京大学毕业同学录（1930）》。

科学的态度，坚持真理，努力保持独立的人格。

有所为，有所不为，方能为君子。曾任四川大学校长的任鸿隽便提醒学生："世无完善之社会，均待有不断之改良。青年初入社会，最易为社会不良之习尚所熏染。故必立定主张，分其善恶，判其缓急，权其轻重，要有所不为。"①有年轻人抱怨，社会是个"大染缸"，大家都混在里面，如何要求年轻人做到"出淤泥而不染"，这时候更需要有"有所不为"的勇气和坚毅。

关于国家和个人命运

同学们，大家起来，担负起天下的兴亡！

听吧，满耳是大众的嗟伤！

看吧，一年年国土的沦丧！

我们是要选择"战"还是"降"？

我们要做主人去拼死在疆场，我们不愿做奴隶而青云直上！

我们今天是桃李芬芳，明天是社会的栋梁；

我们今天是弦歌在一堂，明天要掀起民族自救的

---

① 任鸿隽：《求学精神——一九三七年任鸿隽对四川大学毕业生的祝词》，载杨叔子主编《中国著名大学校长毕业训词》，华中科技大学出版社，2014，第148页。

巨浪!

巨浪,巨浪,不断地增涨!

同学们! 同学们!

快拿出力量,担负起天下的兴亡!

这首田汉作词、聂耳作曲的《毕业歌》唱出了一代青年以天下兴亡为己任的爱国报国之志,而它所描绘的那个战乱动荡的年代里也走出了一群群唱着毕业歌奔赴前线的青年,从他们身上可以看到祖国与个人命运的息息相关。

回顾民国时代的学生,从"九一八事变"日本入侵我国东北,到"七七事变"中国抗战全面爆发,在战争阴云笼罩之下,他们的求学时光并不容易。当时华北的清华、北大、南开被迫迁到长沙组成联合大学,随着局势的恶化再迁昆明,成立西南联合大学,谱写下千里迁徙、弦歌不辍的可歌可泣的一幕幕。

1938 年,西南联大刚成立,正值清华第十级同学毕业,朱自清在毕业纪念册上留下了这样的鼓励:"向来批评清华毕业生的人都说他们在作人方面太稚气、太骄气。但是今年的毕业同学,一年来播荡在这严重的国难中间,相信一定是不同了。这一年是抗战建国开始的一年,是民族复兴开始的一年。千千万万的战士英勇的牺牲了,千千万万的同胞惨苦的牺牲了。……诸君又走了这么多路,更多的认识了我们的内地,我们的农村,我们的国家。诸君一定会不负所学,各尽所能,来报效我们的民族,以完成抗战建国的大业的。"①

那个战火纷飞的年代,对于刚毕业初踏社会的人是个极大的考验。二十岁出头的他们若是生在和平年代,或许也只是父母跟前宠爱的小儿女,但战争的残酷迫使他们早早地成熟起来。许多学生为了求学独自来到昆明,因为战乱的原因,不少迁至后方的学生与家人分离,甚至失去联系和依靠,毕业便是独自谋生活闯天下的路了。他们需要自立,独立选择自己的人生道路。

万里长征,辞却了五朝宫阙,暂驻足衡山湘水,又成离别。绝徼移栽桢干质,九州遍洒黎元血。尽笳吹,弦诵在山城,情弥切。

千秋耻,终当雪。中兴业,须人杰。便一成三户,壮怀难折。多难殷忧新国运,动心忍性希前哲。待驱除仇寇,复神京,还燕碣。

这是西南联大校歌的歌词,青年学子历经磨难来到了昆

---

① 江苏省政协文史资料委员会编《荷塘边的不朽背影:回忆朱自清》,中国文史出版社,2019,第418页。

明，然而，这里依然饱受战争带来的创伤。如同电影《无问西东》中所描绘的那样，这些青年本该是追求知识、友谊、爱情的年纪，但目睹空袭中无辜受难的平民，面对国土一寸寸沦丧的祖国，青年学子的命运从此与国家紧紧相连。正是残酷的战争使他们更深刻地体会到"国家兴亡，匹夫有责"的意义，在他们心中，祖国的利益高于一切。战争全面爆发后，很多联大学子放下了手中的笔，毅然扛起了枪，这其中有南开校长张伯苓的儿子、建筑学家林徽因的小弟，很不幸他们都在抗战中鹰击长空，壮烈殉国了。很难说这样有才华的青年如果选择另一条道路是否会创造更大的成就。但他们有他们的理想，没有国，何为家！? 他们用青春和鲜血书写了自己的答案。

而在敌占区的师生们同样演绎了令人难忘的"最后一课"。《最后一课》是法国作家都德的小说，讲述的是普法战争期间，法国因战败被迫割让阿尔萨斯给德国，教师韩麦尔坚持在课堂上上完最后一堂法语课的感人故事。而在国立暨南大学，因为日军的入侵，也上演了这样的"最后一课"。

1941 年 12 月 8 日，太平洋战争爆发。这天凌晨日军出兵占领上海租界。正在租界办学的暨南大学得知消息，立即决定："看到一个日本兵或一面日本旗经过校门时,立即停课,将这所大学关闭结束。"时任暨南大学文学院院长的郑振铎先生来到教室准备上课,在他宣布了学校的决定后,同学们的脸上都呈现坚毅的神色,坐得挺直认真地听讲。郑振铎"开始照常地讲下去。学生们照常地笔记着,默默无声的。这一课似乎讲得格外的亲切,格外的清朗,语音里自己觉得有点异样,似带着坚毅的决心,最后的沉着;像殉难者的最后的晚餐,像冲锋前的士兵们上了刺刀,'引满待发'"。

上午 10 时 30 分,远处传来汽车尖利的呼啸声,几辆满载着日本兵的军用车,从校门口呼啸而过,郑振铎看见了这些车子,立刻合上了课本,以坚决的口气宣布道:"现在下课!"同学们不约而同地立了起来,教室里的空气似乎凝固了,只有几个女生低低的啜泣声。①

王统照也给暨南的学生们带来了最后一堂国文课,他坚持讲完课后,放下讲义,沉痛而又关切地对学生们说:"同学们,刚才教务处通知:学校今天停办了! 我们学校不能继续上课,更不能让敌人来接收,今天这一节是最后一课,我们现在要解散了!"课堂上一片寂静,同学们都面面相觑,默不

---

① 俞荻:《郑振铎在暨大的最后一课》,载《20 世纪史上海文史资料文库 第 6 辑》,上海书店出版社,1999,第 343—344 页。

作声,王统照看了大家一眼,极其严肃地说:"同学们,你们都很年轻,都二十岁不到吧? 我们的日子正长,青年人要有志气,要有冲破黑暗的精神。学校可能内迁,你们跟不跟学校到内地去,这要看每个人的家庭环境来定,学校不勉强。因为留不留在沦陷后的上海,这不是决定性的问题。问题在于我们走什么道路,在精神上和行动上,是坚持抗战,还是向敌人投降,这要有个准备。同学们,你们说是吗?"[1]

确实,战乱的年代要坚持内心的价值更不容易。在后方生活的联大师生生活非常清苦,常常要吃混着各种杂碎石子的"八宝饭",许多老师不得不在附近兼课兼职养活家人,学生们的物质生活也相当艰苦。

而另一方面,抗战时期更暴露了一些道德堕落的现象。在前方艰苦卓绝地抗敌之时,后方却不乏高官的贪污腐败景象。这样的情况使一般人以为官是做不得的,财是不能发的。浙大校长竺可桢却说,他希望顶好人才、顶廉洁的知识阶级去做官,唯有这样,公家的事才能办得好。他希望大家发挥所长,绞尽脑汁来做发明,办工厂,开农场去发大财,唯有这样国才能富,民才能强。在他看来,若能赏罚严明,公私有别,则道

---

① 全国政协文史和学习委员会编《回忆王统照》,中国文史出版社,2017,第279页。

德不致十分堕落。[1] 而对于毕业生来说，"学有专长，毕业后各尽其所能以贡献于国家"是他们不二的使命。他以浙大的精神要求学生们知先后、明公私、辨是非，如此才能更好肩负起特殊年代一个大学生的责任。

今天，那个战火纷飞的年代已经离我们远去了，但那代人的精神却保存在他们留下的文字和记忆中。我们得以了解到，在那样艰苦的岁月里，他们如何坚持开展科研，传承知识之火，回应祖国的需要。他们在艰难困苦中坚持投身于国家建设，这种爱国奉献、百折不挠的精神对于一代代青年学子将永远是笔宝贵的财富。

关于留学的目的和意义

近代我国高等教育事业起步较晚，许多专业学科建设不完备，留学成为不少有心向学的青年毕业后的必选项。

清华是近代留美教育的重要基地，在学生毕业后即将踏上赴美留学的轮船之时，作为老留学生和清华校长的周诒春，对学子们的寄语更显得语重心长。他期待踏出国门的清

---

[1] 竺可桢：《大学生之责任——一九四五年竺可桢在浙江大学毕业典礼上的致辞》，载杨叔子主编《中国著名大学校长毕业训词》，华中科技大学出版社，2014，第182页。

华人"发展在我之本能,而勿徒墨守师说。阐明自出之心裁,而勿徒崇拜西人。注重调查而克己修省。服务社会而宣扬国光"[①]。

他的寄语暗合了清华的精神,那就是创造和服务。清华培养出很多顶尖的科学家,如诺贝尔奖获得者杨振宁,"两弹一星"元勋钱学森、邓稼先等,清华毕业生林家翘曾说,不管在哪个领域,永远要做第一等的题目。正是这种精神,指引着学子们攀登科学的高峰。

而作为所谓的"庚款学校",他们在学校接受的是西方文明的洗礼,课上说英文,学校请洋教授,课本也是英文的。但他们更明白出国留学所肩负的使命,他们为中华之崛起而读书。很多毕业生谈起当年的留学岁月,虽然国外的科研生活条件都很优越,但当时几乎没有人想着要毕业留在国外。因为他们有这样一股劲头,一方面要努力学习国外先进的科学技术,另一方面要在学成归国后为我所用,努力追赶超越,一洗近代国弱民贫的耻辱。

对于留学的学子而言,身处国外,去国万里,他们和祖国的联系似乎也减弱了。但即使是一个个体,也是中华文明和

① 顾良飞、李珍编《清华大学历任校长演讲精选——开学和毕业的精彩瞬间》,清华大学出版社,2013,第14页。

青年精神的代表，周诒春告诫学生们"和外人接触时不能忘记中华礼仪之邦的形象，遭遇歧视和不公时，要有不卑不亢，敢于辨正的勇气。对于感兴趣的听众，不妨落落大方介绍中国灿烂历史文明和当下中国之风貌。每日熟练操持外语的同时，也别忘记在行囊中带上一两卷中文书"①，因为那是永远的精神源泉。

以外语教学出名的教会大学上海沪江大学的许多学生也会有机会出国留学，在唐文治受邀去参加毕业典礼致辞时，他也指出，国学对于他们尤为重要。因为"大抵立国以文化为主，文化明而其国乃谓之文明，未有自灭其本国之文化而其国能自存者。……国学明，则吾国乃能自存于世界之上"②。

从某种意义上说，青年学子出国留学接受的是西方的教育体系、理论和知识，放眼所及也是西方的物质文明。一方面身在急剧变化的世界，面对新奇的西方国家，有不少好的地方值得借鉴，好的经验值得吸取；另一方面，我们也不应忘记自己的语言、文化根基。正是这样留学的机会，提供给青年学子

---

① 顾良飞、李珍编《清华大学历任校长演讲精选——开学和毕业的精彩瞬间》，清华大学出版社，2013，第 18 页。
② 唐文治：《教育之根柢在于人格——一九一八年唐文治在沪江大学毕业典礼上的演说》，载杨叔子主编《中国著名大学校长毕业训词》，华中科技大学出版社，2014，第 116 页。

一个放眼世界的机会，当他们具有了世界的眼光，再来反观中国政治、经济、文化、思想、军事、外交、科技的发展，阐明中国的现状与中外之间的联系，找到解决中国问题的钥匙，这样将使其他国家更加了解中国，也能让自己更深刻地反思当下中国，而这正是留学最大的意义。

大学是一个人人生中重要的阶段，在大学里，我们求知识、求友谊，我们锻炼身体、塑造人格，用独立的判断来代替人云亦云。毕业，则是踏上社会的第一步。毕业后面对的现实困难往往不是课本中所教给你的，遇到的那些形形色色的人也不会像学校师长那么包容宽厚，但每个人都在这个跌跌撞撞的过程中成长。我们有时会为财富所驱使、为外界所诱惑，有时会迷茫，也难免遭遇挫折和失败，重新读读这些毕业的话语，仿佛让心灵得到一次洗涤，重新翻翻过去的书，看看自己曾经的志向，拾起曾经的热爱，哪怕它并不赚钱。当毕业生背上行囊，带着满满的祝福和回忆奔向前方时，也把这来自师长们的"最后一课"留在心中，相信多年以后它依然会给我们的生活带来温暖和鼓舞。

早年留学生求学记：
扬帆起航求知路

七八月正是高校学子们的毕业季，也是学子们为自己的人生下一阶段寻找目标和方向的时候，穿上毕业服，戴上学位帽，留下毕业照，大家纷纷来贺喜的时候，也会问一声：接下去准备做什么呢？在今天大学毕业生的选项中，就业、升学、出国留学是毕业生去向的"三分天下"。特别是在北京、上海、广州、深圳等大城市读书的学生，毕业出国留学早已是一件稀松平常的事情。据媒体报道，现在国内每年出国留学的人数均以百万计，"海归"数量也占有相当比例，且这一数字一直在攀升。出国的目的地也多种多样，热门的当然有美国、英国、德国、日本、澳大利亚等发达国家，其他如东欧、南美的一些国家，近年来也输出不少留学生。留学生去学习的科目更是五花八门，计算机、工程、法律、医学、外语都属寻常，近年来学习艺术、创意产业和其他小众学科的也为数不少。

今天我们选择出国留学常常是出于各种各样的考虑，有的想提高语言水平，有的愿意在专业方面更加精进，有的想锻炼下独立生活的能力，也有的只是愿意去体验下世界之大的不同文化和生活。出国留学的费用,对于很多家庭来说也能负担,学生可以申请奖学金,也可以申请助学贷款,而中国留学生在外辛苦打工刷盘子的新闻,这两年是越来越少了。

今天的年轻"海归"们再重读百年前的前辈学者漂洋过海"取经"的故事,会不会有一种错愕感?原来先辈们当年的留学有那么多故事,其中的苦与乐也不足为外人道。不过也正是先辈们的艰难摸索,一步一个脚印的努力,为一代代后来的留学生们铺下了坚实的道路。

"留美幼童":开启近代留学的先声

提起近代中国留学史,容闳和"留美幼童"们的故事总是绕不开的。自鸦片战争使中国被迫打开国门后,不少有识之士看到了中国的衰落,魏源、林则徐等一批批怀有进步思想的国人纷纷"睁眼看世界"。他们积极向外寻求救国救民的道路,在洋务维新的浪潮中,容闳向清政府提出了派遣少年赴美留学的建议,这在当时可谓是个石破天惊的大胆想法。

一方面近代国人包括官员、知识分子虽然慑服于西方先进的"船坚炮利"的物质文明,但在他们眼中,中国传统的思想文化、政治体制,一直也是相当先进,令国人引以为傲的。当然,这一认识的形成背后也有中国历史发展背景的深层原因,自唐代以来,中国在东亚地区一直是傲视邻国的"大象"级存在,中华文明居于东亚文化圈中当之无愧的霸主地位。在那个交通不便、信息不通的年代,上至朝堂、下至民间,还未曾有人听说有足以为中国之师的文明。

然而,近代东西方的遭遇翻开了历史的新篇章,经历工业革命后的西方世界在物质文明和制度文明方面逐步与传统的东方世界拉开了距离。作为一个受过近代西方文明教育的人,容闳从自己的切身经历中,深刻感受到西方教育对国民素质培育、国家实力兴盛的巨大推动作用。他从考虑人才培养规律的角度出发,认为年龄越小,越容易吸收新思想、新知识,为了更好发挥留学生的作用,他建议清廷从幼童中选取聪颖好学者,送往美国,接受西方教育的熏陶,以期他们学成归来,为国家建设所用。

尽管他的初衷很好,但受制于当时的有限的体制,加上主流思想的强烈抵触,留美幼童计划推行短短数年便最终夭折了,最后一批幼童甚至未能完成学业即被强制召回国。当然,挑选幼童出国留学这样的举动,在当时不仅不太能为士大夫所理解接受,即使对于普通家庭来说,送幼子跨越重洋,离国背乡去遥远陌生国度求学,也是件令人生畏的事。从统计来看,当时计划招收到的学童大多是出身广东贫苦农家,或是有传教士背景家庭的孩子,而保守的官僚家庭并不愿意主动送子弟出洋。

不仅如此,留学生由于行为习惯、思想语言等方面的原因,也不为传统体制所认可,回国后难以学以致用,谋求合适的职业。翻译家严复早年留学英国时学习的是海军,后来却是以翻译事业而出名的。颜惠庆回忆他父亲任职于上海圣约翰大学时,里面也有一班年轻的留学生,他们归国后往往一时难以找到合适的职业方向,便先在圣约翰等教会学校教授英文为生。

尽管如此,不可否认的是,早期留学生中走出了不少近代工业、科技、教育领域的专业人才,知名的如修造京张铁路的詹天佑,还有曾掌清华校务的唐文治,都曾是"留美幼童",他们以点点星火,在自己领域深刻影响了近代各项事业的发展。

在最后一批留美幼童被召回后,清王朝又经历各种动荡和战争失败,国力日衰,这期间,官方派遣留学生的计划也再无力推行了。但是在民间却有更多有识之士想到去日本探求国富民强的经验。日本是中国近邻,长期以来并不为传统士大夫所看重,近代也同样面临西方入侵的压力,然而经历"明治维新"后的日本，逐渐走上强国强兵的道路，直至在甲午战争中打败北洋舰队，又在日俄战争中战胜俄国，让整个世界对其刮目相看。鉴于两国相似的情况和截然不同的发展道路，不少人想到去日本看一看，看看他们成功的经验。从现实的教育出发，留学日本也是个不错的选择。张之洞就曾说："至游学之国，西洋不如东洋。路近省费，可多遣。去华近，易考察。东文近于中文，易通晓。西书甚繁，凡西学不切要者，东人已删节而酌改之。中东情势风俗相近，易仿行，事半功倍，无过于此。"①同文同种，文字相通，距离较近，省时省钱，这些因素都使得一般家庭的孩子也可以负担得起赴日本留学，而不是将其作为一个遥不可及的梦想。针对中国人留学的目的和专业选择，日本各地开设了法政、军事等方面的速成课程，另有针对中国人的日语补习班，便于中国人加快留学计划。虽然由于环境的不同，个人的留学效果有别，而且在很多地方日本对于近代西方科学、政治、学术也是个"二传手"，但是在近代中国的日本留学生中确实涌现出不少近代的革命志士，他们以自己的热情点燃了近代中国革命事业。

---

① 谢放：《张之洞》，广东人民出版社，2010，第109页。

清华与留学事业新篇章

进入民国之后,随着国家体制的改变和工商业的发展,在当时的氛围下,对留学生的需求越来越多。一方面近代外交、工业、科技、教育各项事业需要具有新思想、新知识的青年,这也促使留学生变得身价百倍。在大学里,许多人都把出国留学作为毕业后最理想的去处。这当然有现实的考虑,动荡的社会现状下,大学生尽管是百里挑一的"稀罕物",但抢到一只稳定的饭碗并不容易。毕业即失业的威胁越来越严重,单靠一张大学文凭,到社会上去,生活、职业都没有保障。而要捧上一只摔不破的铁饭碗,还是得去铁路、邮局这些洋人控制的地方。要向上爬到生活比较优裕和稳定的那个阶层里去,出了大学的门还得更上一层楼,那就是到外国去跑一趟。不管你在外国出过多少洋相,跑一趟回来,就会身价翻倍,被人刮目相看了。当时甚至流行着一种说法,女学生找对象的公式是"中学找大学,大学找留学"。

在这种背景下,留学多少成了变相的科举,虽然科举已经废除,但在不少传统的"书香门第"、传统士大夫家庭,上大学如同考取举人,那是身份进阶的第一步。而出洋留学,便如同得了"洋翰林",拿着文凭回来终究是光耀门楣的事。钱锺书在小说《围城》中便有这样的描述：方鸿渐出洋留学，可缺乏毅力和方向的他浑浑噩噩竟没有专业，也拿不到文凭，为了应付家中老父和资助他的岳丈的期待，他去花钱买了"克莱登"大学的文凭。而回国后，他岳丈便立马安排他拿着这纸文凭拍照登报，还到处去演讲出风头。而当时不少专业执业的医师、律师等，都会在事务所醒目处标明自己留学某国取得的学位，一个留美博士、留英博士的头像往往就是个金字招牌，让人肃然起敬，自然而然地认可其专业性。可见，那时候"洋学生"的名头有多大。

出国留学固然热门，可是对于普通家庭的学生来说却也不那么容易达成。因为出国是要一笔花销的，留学东洋相对便宜，一年也得五六百块银圆，要留学西洋就得五六千块。要取得个洋博士学位，至少也得花费两三年时间。出身富裕家庭的学生可以选择自费留学，对于普通家庭来说，没有成千上万银圆，只好望洋兴叹了。

那么想要上进的子弟有什么机会呢？留学除了自掏腰包之外，还有"官费""公费"等方式。起初，清朝政府为了培养洋务人才，决定派留学生出洋，但是当时社会上有地位的人很多不愿离父母之邦，入洋人之国，因而响应者寥寥。因此，留学生的费用全部得由官家负责，这些学生被称为官费生。后来大家逐渐发现，留学回来的人官运亨通，洋翰林比土翰林更吃香。学而优则仕，本是当时知识分子的守则，见留学回来有官可当，官费留学的机会就逐步被达官贵人所把持，用来培养他们自己的子弟，扶植自己的势力，一般人家子弟自然没有机会。

此外，如上海圣约翰、燕京这样的教会学校，以及青年会等组织，因与国外高校联系较密切，英文授课的模式也得到认可，他们的学生或有机会得到推荐机会，受美国大学的助学金和奖学金资助，赴美学习。除此之外，还有靠自己积蓄，到外国去半工半读的留学生，以及更有组织的"勤工俭学"等方式。

而这其中不能不提的是清华培育选拔的"公费"留学机会。清华的建立源自美国退还清政府的部分"庚子赔款"，当时指定用于选拔培育人才赴美留学，它最初叫清华留美预备学校，后来改称清华学堂。"清华留美预备学校"或后来的"清华学堂"时期的清华，还不能视作一个完全意义上的近代高等学堂，它差不多是一个专门为准备出国留学的学生进行补习的学校，就像一个人才"加工厂"。开始时招收的对象是十四五岁高小毕业程度的学生，要在清华经过中等科、高等科七八年的学习才送去美国留学。凡是考上清华学堂就取得了留学资格，"加工"期满后，照例能出国留学。

1925 年清华学堂成立了"大学部"，至 1928 年学校的名称也改成了清华大学，标志着清华已具备大学的规模，也不再是人才"加工厂"，而是独立培养人才了。此时，从清华大学毕业的学生也不再具备公费留学的资格，但清华还是每年要为美国遣送一批留学生。于是，另外制定了一个留美考试的办法，报考的资格也由小学毕业提高到了大学毕业，而且不仅清华大学毕业生可以报考，其他大学的毕业生也同样可以报考。每年会在报上公布当年招考哪些科目，每科多少名额，这便是"留美考试"。另外，清华还保留一些公费名额给自己研究院的毕业生和各系的助教。清华的研究院招收大学毕业生，规定至少学习两年，提出论文，经过考试及格就可以毕业。每年在毕业生中按平时的学习成绩和最后毕业考试的分数，经各科系的推荐，挑选若干，给予公费留学的机会。

类似清华的庚款留美考试之外，当时这种性质的公费留学，还有中英庚款的留英考试，中法大学的类似的公费遣派留学生的办法。在 20 世纪 30 年代下半期，这类公费留学生的数目在留学生的总数中占相当大的比例。

留美考试与留学生选拔

通过庚款留学的名人可谓不少，胡适是第二届庚款留美学生,初期他选择入读康奈尔大学。钱锺书则是中英庚款留学生。这些留学生中涌现了很多人才,在各个领域做出了贡献。

庚款考试主要有中美庚款和中英庚款考试,清华主持的是留美庚款考试。庚款考试的选拔还是相当有难度的,著名水利专家张光斗当时从上海交大去参加 1934 年 7 月的留美考试,他仍然记得当时的情况:第一天体检,考试要考 4 天,8 门课,有中文、英文、数学、物理、化学、水力学、结构力学、水利工程。考试强度极大,考完的张光斗回到上海交大就病倒了,睡了 7 天。学生考上后还会被安排在国内各水利单位实习,了解国内水利建设情况,以备第二年出国学习,临行前,清华校长梅贻琦更对他们寄予殷切期望,嘱咐他们好好学习。①

在当时的社会背景下,国民政府的教育政策是"提倡理工,限制文法",这当然与国家的需要息息相关,这一倾向也体现在留学科目的设置上。叶公超在《留学与求学》一文中便不讳言:"政府派送留学生似乎应当根据两种原则:一,我们目前所急需的知识,二,基本的学术工具。……站在学术的立场上,各种课目都有同等的重要性,所以在任何大学里各系的功

---

① 郭梅、周樟钰:《水利泰斗:张光斗传》,江苏人民出版社,2012,第 38—39 页。

课是应当平均发展的。但在今日中国之情形下，我们派送留学生实在是出于不得已中的不得已，因此对于留学课目的选定应当更加检点，更加切近我们的需要。譬如，与其派人去学戏剧技术，莫如多送一个人去研究害虫或土壤的分析；与其派人去学政治学，不如多派一个人去研究炼钢的问题；与其派人到英国去研究英国文学，不如派人到英国去学纺织，或造纸。这当然不是说戏剧，政治，文学根本是次要的课目，不过从实际上着眼，这里似乎有缓急轻重的差别。"[①]

确实，在当时国家经费极其有限的情况下，专业的实用性和紧迫性才是公费留学的主要考量，以第五届清华庚款留美考试为例，在清华校务会筹办的第五届清华庚款留美考试确定的22个科目中，文法方面只有工商管理和经济史，除医学(外科)、制药学、农学、纺织外，其余16门均为理工科目。

关于这次考试的情况，何炳棣留下了详细的记录。在抗战背景下，主持留美考试实属不易，1940年8月，考试便在重庆、昆明、香港举行了。对于因为战乱而中断个人计划的何炳棣来说，他迫切想抓住这个机会。在清华园学习得如鱼得水的何炳棣21岁便从清华毕业，曾梦想25岁前得到博士学位，

① 叶公超：《留学与求学》，《独立评论》第166号。

却在大学毕业数年后才有机会参加留美考试。虽然时间紧迫，他仍积极准备经济史的考试。除党义（不计分）、国文、英文外，每门要考五个专门科目。经济史的5科目是：经济思想史、经济史、经济学原理、西洋通史和经济地理。5科中只有西洋通史是何炳棣读过的。幸而他有不少机会请教身边师长。政治学系学长陈明燊、靳文翰都把留学考试经验和诀窍分享给他，联大教授伍启元把他从英国带回的经济名著给何炳棣借阅，何还专程请教陈岱孙先生，陈认为经济学原理中以纯理论部分（供、求、价格）最能鉴别考生高下，建议精读马歇尔（Alfred Marshall）的《经济学原理》。然而，考场中，让何炳棣震惊的是经济学原理三个试题无一涉及供、求、价值原理，其一是关于欧战末期及战后俄国卢布和德国马克贬值的历史。这题目何炳棣几乎一字答不出。公榜后，考取经济史科的是南开经济研究所研究生吴保安（即吴于廑，后为知名史学家）。

而跟他一样考运不佳的还有何炳棣在清华历史系的学长陈鏊，他是陈岱孙堂弟，古文功底颇为扎实，然而在考中英庚款中却失利了，回头分析，他认为主要是中国通史的考题过于出奇，当时通史的三题为：① 评估近人对中国上古史研究之成绩。② 评估近人对中国近代史研究之成绩。③ 解释下列名词：白直；白籍；白贼。这最后一题"三白"着实难倒不少人，何炳棣也认为这题目覆盖面不够，且过于偏，不能客观衡量学生水平。但不管怎样，在竞争激烈的留学考试中，何炳棣做好准备又一次上战场"尽人事，听天命"了。

第五届清华留美公费生考试结果正式公布不久，清华评议会就公布了第六届留美公费生考试的"初拟"科目。人文社科方面科目比往届多了不少，让摩拳擦掌的考生非常兴奋，很多联大三校文、史、哲、社会、政治、经济方面的教员助教、研究生和刚刚毕业的优秀学生马上开始全力准备。最后清华正式公布经教育部审核批准的科目中，人文社科科目包括西洋史（注重 16、17、18 世纪史）、社会学（注重社会保险）、会计学、师范教育等。经过 4 天 8 门课的考试，公榜时，何炳棣以总平均 78.5 分的高分列为全体 22 科目公费生之首，也是他一直引以为傲的光荣。20 世纪 60 年代何在香港访问史学家全汉昇时，全的夫人一开门就大声喊他"状元哥"。这一声"状元哥"让他好不得意。

那一年的考题很合何炳棣胃口，多年以后他依然记得在史学方法的题目中，要求列出西洋史学中三大名著，并任选一部加以评估。他曾精读过吉朋的名著《罗马帝国衰亡史》，在答卷上，他一字不差地默出了吉朋精彩的论断：

The various modes of worship，which prevailed in the Roman world，were all considered by the people，as equally true；by the philosopher，as equally false；and by the magistrate，as equally useful. [流行于罗马帝国寰宇之内的各式各样的(宗教)信仰(和膜拜)，一般人看来，都是同样灵验；明哲之士看来，同样荒诞；统治(阶级)看来，同样有用。]①

幸运考上的他一扫心中阴霾，开始热切准备留学生活。而他的故事，或许正是千万个当年留学生的缩影。

留学生活的挑战

背上行囊，带着师长亲友的祝福和嘱托，登上跨洋的轮船，也意味着留学的考验刚刚开始，对大多数留学生来说，语言是需要面对的第一关。经过在国内的考试准备，他们自然都通过了外文的测试，但真正学习生活要求的语言，对一个外国留学生来说总是有各式各样的困难的。

蒋梦麟初到美国时，就感觉自己简直是半盲、半聋、半哑的。为了克服第一重阅读方面的障碍，他特地请了加大的同学来补习英文，每天早晨读《旧金山纪事报》，另外订一份《展

① 何炳棣：《读史阅世六十年》，中华书局，2012，第134页。

望》周刊作为精读材料。《韦氏大学字典》也不离手，碰到稍有
疑问的字就打开字典来查。经过四个月的不断努力，头一重
障碍总算大致克服了。第二重障碍就比较麻烦，教授讲课因
为有系统，语调比较慢，发音也清晰，还比较容易懂。而要听
懂日常谈话就着实不易了，日常谈话范围广泛，又有五花八门
的观念，要抓住谈话的线索就颇为不易。说更是困难，他第一
次去学校附近的书店买植物学教材，说了半天店员听不懂。
后来他只好用手指指书架上那本书，店员才终于恍然大悟。
原来就因为植物学英文单词（botany）的重音念在第二音节
上，结果半天店员听不明白。

　　语言之外，日常生活中也会有各种现实的难处。经济压
力是不少留学生面临的共同问题。马寅初留学哥伦比亚大学
期间，利用课余时间去餐馆洗盘子赚钱，以负担自己的费用。
后来他还不得不跑去码头当搬运工人以养活自己。冯友兰留
学期间，由于国内局势动荡，留学生的经费常常不能保证。为
了负担自己的生活费，冯友兰也在一家饭馆打工，后来他又有
个机会为人翻译赚取收入，由于杜威的照顾，他还得到了在图
书馆管理中国报纸的闲差，有了三份收入，他最终完成了学
业。费孝通留学英国期间，他导师为让他接触英国学术圈，特
地把他介绍到朋友太太家寄住，然而这份好心却给费孝通平

添了很多烦恼。这位有钱的遗孀出身贵族家庭,讲究也不少,为了让费孝通"英国化",平时请客喝茶总会招呼他一起来。有一次去她娘家的乡间别墅,也要带他一起。听说那里吃晚饭要换礼服的费孝通托故不去,让太太很生气,也让费孝通觉得尴尬,后来他总算托词经济问题摆脱了这份"好意"。林语堂的留学生活就伴随着一丝困窘与甜蜜。他和新婚妻子共同前往美国,可是那本不丰裕的奖学金不够两个人用,他们在一起节衣缩食勉力支撑。然而妻子突然患病几乎花掉他们所有积蓄,最窘迫时,林语堂不得不买一罐麦片天天吃。实在支撑不下去的时候,他妻子跟娘家要过钱,而他则鼓起勇气写信向经济也不富裕的胡适借钱。

饮食对于不少留学生也是个现实的困难。梁实秋留学期间在房东太太家搭伙,本来就不习惯美国的饮食,再加上房东太太厨艺不精,做的东西又少又难吃,让20岁出头正值胃口好、饭量大年纪的梁实秋痛苦不已。她家的午饭和晚饭简单得可怜。午饭只有两片冷面包外加一点点肉菜,晚饭只比午饭多一道点心,有时候会添一盘汤,饥肠辘辘的梁实秋有时只好溜出去买汉堡包充饥。

除了生活上需要克服重重困难,课程学习对留学生来说也是不小的挑战。在研究生学习过程中有特色的教学方式就属席明纳(Seminar)了，这是欧洲传统的教学方法，大家在讨论室里围坐一起，导师通常只是主持，事先安排一两个主要发言人，大家便开始讨论交流，或是关于遇到的困难，或是研究心得，经过讨论受到启发，回去继续工作，解决问题。这种教学方式很有个人特色，可是也苦了留学生。初次参加讨论会的费孝通连话都听不懂，那些学生带着世界各地口音的英语，又是即兴发言，还涉及很多地理知识，让他完全不知所云。口语上的缺陷也使他难以加入讨论中。不过这样的训练确实很有益，平时只能读到知识的成果，而这个过程让人看到知识产生的过程。费孝通也逐渐在席明纳的烟雾中喷出了人类学的味道。

与此同时，远在海外的留学生依然无法摆脱身份带来的一些尴尬与不便。百年前的中国，仍是西方世界眼中的"异类"，顶着"赔款生""东亚病夫"名头的中国留学生受到的歧视与不公正待遇可想而知，而这些也反过来推动了他们奋发图强，一面为祖国的荣誉辩护，一面更加投入学习以期回来后发挥自己的作用，改造这个古老国家的命运。钱学森留学时曾有美国学生看不起中国人，当着他面说中国人愚昧无知，男人抽鸦片，女人裹脚。钱学森对此的回应是，他立下战书：我们中国作为一个国家，是比你们美国落后，但作为个人，你们谁

敢和我比,到期末比谁的成绩好? 这份自信让那个学生哑口
无言。①

　　这样的故事许多当时的留学生都经历过,但困难歧视并
没有打倒他们,更让人称道的是,他们勇敢地站出来,通过演
讲、辩论、组织社团等形式积极向当地人宣传中国的文化,把
中国的故事告诉世界,展现中国人的积极形象,身体力行地展
示大国国民的风范。胡适留美期间,正值国内辛亥革命爆发,
中华民国成立。中国作为当时亚洲唯一的共和国,引起了美
国各地社区和人民的浓厚兴趣,校园内外对中国政府这一问
题的演讲都有极大需要。胡适便受托向美国听众讲演中国革
命和共和政府,也为他一生的公共讲演打下基础。

　　当他们学成归国后,不少人回忆起留学对于他们学术人
生的积淀和改变,确实觉得收获良多。留学不仅提供了专业
知识上的前沿理论,也提供了一种新的视角去审视从前的材
料。李济在攻读人类学博士时,着眼于对中国的民族分析。
他从图书馆的藏书《钦定古今图书集成》入手,从中国各地城
墙中看到"族群"的演化,又结合传教士们关于现代少数民族
分布、沿革等方面的记录,从西晋江统的《徙戎论》中挖掘到关

---

① 　叶永烈:《钱学森传》,中国青年出版社,2015,第48页。

于中国少数民族迁移的材料，最终完成博士论文《中国民族的形成》，他的研究成果也被认为是"中国民族之科学研究第一部著作"。社会学家费孝通则利用他对于家乡的资料和生产生活实践的一手材料开展中国农村调研，写出了《江村经济》这一开拓性著作，被认为是中国农村研究必读的第一本书。建筑学家梁思成在哈佛求学期间对建筑史研究着迷，他立志研究东方建筑。从传统中寻找资源，他从李诫的《营造法式》入手，遍搜图书馆相关的资料，以他在建筑系所学的理论对中国建筑史进行梳理，而这也奠定了他一生的事业。应该说，正是这种学科的专业化训练使他们具有了一种新的科学的眼光来重新审视、发掘历史上的问题，这本身是一种极为重要的学术训练；而立足中国，服务中国的志向又推动他们将研究与中国的实际结合在一起，这两者的结合促成他们做出独特而有现实意义的世界级成果，他们也将古老的东方文明传递给了世界。

选择留学生活的是二十来岁的青年，对他们来说，这个年纪正是海绵吸水般汲取知识、获得智慧，开阔眼界、勤奋学习的大好时光，有机会走出去看一看，哪怕只是呼吸下学术的空气，也会受到一些感染，留下别样回忆。百年前的国人勇敢地走向世界，他们怀揣梦想，克服种种困难，去寻求真理与真知，他们回来更带着影响中国的壮志豪情。相较过去，如今的环境已经更为宽松和便捷，也为留学生们提供了更多良好的机会，祝愿新一代留学生书写下更辉煌的故事。

本章参考书目

1. 杨叔子：《中国著名大学校长毕业训词》，华中科技大学出版社，2014 年。

2. 顾良飞：《清华大学历任校长演讲精选——开学和毕业的精彩瞬间》，清华大学出版社，2013 年。

3. 胡适：《胡适的声音——1919—1960：胡适演讲集》，广西师范大学出版社，2005 年。

4. 明立志等：《蒋梦麟学术文化随笔》，中国青年出版社，2001 年。

5. 刘述礼、黄延复：《梅贻琦教育论著选》，人民教育出版社，1993 年。

6. 何炳棣：《读史阅世六十年》，中华书局，2012 年。

7. 蒋梦麟：《西潮·新潮》，岳麓书社，2000 年。

8. 颜惠庆：《颜惠庆自传：一位民国元老的历史记忆》，吴建雍等译，商务印书馆，2003 年。

9. 中国人民政治协商会议全国委员会文史和学习委员会：

《文史资料选辑》,中国文史出版社,2011 年。

10. 费孝通:《师承·补课·治学》,生活·读书·新知三联书店,2002 年。

11. 朔之北、许毕基:《名家上学记：那时大师如何上大学》,济南出版社,2010 年。

12. 钱锺书:《围城》,人民文学出版社,2017 年。

后　记

　　受家庭环境和工作关系的影响,本人对近现代教育事业,特别是高等教育一直颇感兴趣,本书可以说是在做研究过程中的一个副产品。曾经求学燕园,在校期间受到历史系诸师长的熏陶,专攻近现代史。近代高等教育的历史也是近代中国思想文化、学术变迁的一个重要部分,从留美幼童、赴日留学热潮,到清华学堂,一代代中国人怀着强国富民的梦想远渡重洋去寻求新知,他们学成归来,想要打造新的世界。胡适说:"现在我们已然回来。一切要大有不同了。"至今听来仍觉得心头一热。

　　近现代史绕不开的一个话题便是人物研究,读他们的文集,感受各种思想火花的碰撞,各种思潮的涌动,让人目不暇接。走近一个人物的好方法便是阅读他的传记。念书时候知道胡适对人物研究颇有兴趣,似乎和自己的阅读口味挺相近。他鼓励他的朋友们写自传,写自述,那既是一种个人的感悟,也可作为一个时代的记录。他本人便带头来写自传,可惜《四

222

十自述》大概和他的《中国哲学史纲》一样，只有上册，尚待后续。但这或许正是他"但开风气不为师"的风范。

在他的影响下，有一批近代重要学人留下了珍贵的回忆，其中有语言学家赵元任和他夫人杨步伟，文学家朱自清，政治学家萧公权，由历史学者而从政的蒋廷黻，等等。而在胡适为纪念友人写下的文字中也可以看出他的真性情。在他们回忆中保留下来的人物距离今天似乎已经隔了一层，不常关注近代文化、近代人物的读者，或许对其中一些人物的名字都感到有些陌生。但这些名字曾经在近现代史上闻名，他们曾经影响一批人，也曾是一代青年的偶像，他们记录下的正是一个时代的转折，思想的声音。

当然，也有很多曾经声名在外的人物不曾留下直接的回忆，有些或许顾忌到生平涉及重要人物、重大事件太多，难免有所顾虑和牵绊。有些则是个性使然，据说外文系大才子叶公超便是这号人物，虽然他肚子里的书几车也搬不完，但他却是个"述而不作"的人，即使是在人生的最后岁月，他也只是喜而画竹，怒而作兰，却不曾留下太多的文字。这对于研究近代史的学者来说当然是个遗憾，不过令人快慰的是，随着哥伦比亚大学口述史研究中心的成果积累，顾维钧、张学良等近代重要人物口述材料的保存和披露，让研究者越发有机会去接近

"历史现场"。《传记文学》杂志社也结集出版过一系列人物传记、回忆录性质的文章和文集，不少已经为学者所注意和利用。另外，人物日记、回忆录、书信手稿等的整理出版大大丰富了材料的类型，在翻阅这些相对加工较少的材料的过程中，常常会无意中解开一些曾经的谜团，有时则会纠正一些广为流传的说法。

不过，本书并没有这么大的野心，它只是在好奇心的推动下和阅读中产生的一些简单片段。这里的好奇心有对人物本身的好奇，但并不是猎奇。读名师大家的生平故事，常常会有不少有趣的发现，原来他们在念书时也经历过和今天学生差不多的困扰：考学校、选专业、找职业，要不要出国，等等。读着读着不觉兴趣盎然地被吸引进去，有时又觉得这些感悟自己若早点读到是不是会少走些许弯路，于是，便有了和大家分享的念头和冲动。

当然，出于历史学训练的"疑心病"，有时候读着读着又会发现作者本人的前后矛盾之处，同时期同学之间回忆的细微差别。本着考据的心态，也尽力做过一番小小的考证。比如书中提到的，1932 年清华入学考试的国文题"对对子"，当时出的题目是"孙行者"，小时候便知道，最妙的答案是"胡适之"，因为它不光对得工整，还巧妙地提到了古今两大名人，正合出题者的意趣。

可是,这次在整理翻阅当时参加考试的学生的回忆中才知道,原来当年这道考题还闹过一场不小的风波,引得出题人陈寅恪亲自撰文答复。而且,在五花八门的答案中,也有不少人认为最佳答案应为"王引之"。因为"王父"有祖父之义,"王"正与"孙"相对,甚至陈寅恪本人在给国文系主任刘文典的信中也持这种意见。只是若干年后,他又加上一段补充,说明当时心中的答案便是"胡适之",用"对对子"这种方式来和这位"新文化运动"风头正健的旗手开个小小的玩笑。

另一个有趣的发现是,季羡林对他的求学经历和学友师长留下诸多回忆,在几个早些版本中,他未曾提及他当年考清华的试题,而晚近有篇文章则说他当年考题里有这道"对对子"题,细想倒让笔者吃了一惊。仔细一查,他的入学年份是 1930 年,而这题是 1932 年的考题,显然个人回忆有时候也会有所偏差。再一追查,他的传记作者后来发现了这个问题,并且发现不仅他的回忆可能不确,另一位清华早年毕业生钱伟长在回忆他的清华考试时恐怕也是张冠李戴了。想到这里,又放下了原先的偏隘,毕竟回忆只能基于过去的印象,经过多少年时光的过滤,留存在他们脑海中的一定是关于校园生活印象最深的故事。好在读到大多数前辈的回忆时,常常会发现似曾相识的说法彼此佐证。

重读大师们的故事，常常不免为他们的精神所感动。电影《无问西东》描绘了西南联大学子艰难的求学路，有人长途跋涉赶到学校复校，七零八落拼凑的学校，仪器设备、教学设施、学生住宿等条件都无法与北平时候相提并论。在课堂上，茅草顶的屋子外面大雨、里面小雨。日军时时空袭的昆明城，"跑警报"也成了日常生活的一部分。随着战况的恶化，物资供应也显得匮乏，有的学生又和家庭失去联系。就是在这样艰难困苦的条件下，他们却愈发珍惜这难得的学习时光，老师也努力地传播知识文化。不少热血青年看到国家与国外军事力量的巨大差距，有的投身科学工业救国，有的毅然投笔从戎响应国家的号召。许多青年学子把理想和生命永远留在了那片热土，更多人则为祖国的将来埋头苦干，他们中诞生了后来"两弹一星"的功勋人物，诸多科技领军人才、人文社会学者，而在他们身上正体现出中华民族不屈不挠的精神。今天，西南联大也已经成为一段历史，但他们的精神会被永远铭记。

在校期间，曾有机会看到不少校史的展览，也见识到一些老北大人、老燕京人的风采。记得有次作为志愿者接待燕京校友回访母校，已是耄耋老人的他们谈起当年的生活依然绘声绘色，那个表情好像一瞬间回到了幸福而难忘的大学时光。

一位端庄而和蔼的老奶奶拉着我的手问，你们现在有校服吗，平时女生爱穿什么样的衣服？穿着 T 恤和运动鞋的我自然回答，冬天比较冷，得套羽绒服，平时也挺随意的。她笑眯眯地说：那时我们女生总是穿旗袍。她回忆起当年从南开来到燕京求学的时光，在燕京她遇到了人生的另一半，话语中似乎还带着一丝天津口音。后来偶然看到一张燕大的老照片，里面四个风华正茂的女学生穿着旗袍步出校门，我脑海中顿时就浮现出这位老奶奶的身影，她当年也是这样一位青春洋溢的女学生吧。另一位风度翩翩的老爷爷问我，你们今天为什么来做接待呢？我告诉他，因为我是志愿者，来做服务。他大笑，原来是 Volunteer，我也是！他热心地介绍起燕大校友会的工作，还兴奋地指给我看，他们是新闻系的学生，当中有一位白发苍苍的老奶奶是当年他们的"系花"。一会他又问我，你们今天去哪儿跳舞，跳什么舞呢？我想了想，似乎听说清华还有舞会，不过好像有种 20 世纪 80 年代交谊舞的感觉，北大当时在二体楼下体操房大约有个小小的教室，据说会有舞蹈练习，我也不曾问津。他颇有些得意地说，他当年跳舞很棒，尤其爱跳狐步舞！看着他依然保持着良好的身姿，也让我生出羡慕。热热闹闹的校友活动结束后已过中午，老人们却热情不减，一致商量好去爬香山。这下轮到我们志愿者面面相覷了！我们商量后决定，告诉他们我们就不陪同了。他们表示完全没关系，因为那是他们读书时候的保留项目，路熟着呢。这只是一次匆匆的偶遇，却让我对那些曾经的大学生们产生了浓浓的好奇。

读书也能体会到那些未曾经历过，却似乎又和你有某种联系的事。记得上大学那会，历史系很小，一个年级30来个人，就是一个班。系里排课一般也不会用大教室，可偏偏有些课就是自带吸引力。当时阎步克老师开《中国古代史》（上）一堂专业必修课，大约能坐四五十人的中等教室偏偏需要"占座"，这自然是因为"蹭课"的人太多的缘故。后来在书中读到，原来老北大的校园边上就住满为了升学或是投考的"偷听生"，这可是北大的优良传统啦。怪不得同学们当时虽然有些不满，却也显得无可奈何。尤其在读到翻译家、哲学家金克木对于在北大生活的回忆时，印象很深，他在"偷听"的法语课上，因为作业出色而受到老师青睐，后来在图书馆半工半读的时候慢慢摸到学问门道。这样的故事和此前媒体上很火爆的北大"保安哥"考研成功的故事简直是如出一辙。有一次路过一栋小小的办公楼，无意中注意到上面有个平民学校的小牌子，后来看到信息，在招募志愿学生利用课余时间为这个学校讲课。现在看来，蔡元培倡导的平民学校能保留下来，也和一代代北大人的传承呵护有关吧。

　　考试是学生时代最头疼的事,当身份由学生转变为老师之后才知道,原来考学生也不容易。不过,除了高考头破血流拼进大学,大学里读书考试似乎没人那么在意,文科尤其如此。一方面,有些学生本来就对自己的专业不感兴趣;另一方面,北大老师和学生也是喜欢"自由"、鼓励"自由"的。早上8点的课,熬夜学生赶不上就不去了,老师毫不在意。有一次一位年轻讲师看到一个男生在低头吃早饭,还特意表示了下关心,并说,我们那会如果没吃早饭肯定就不去上课啦。边说这话脸上还挂着憨憨的笑,男生也只好陪着讪讪笑了笑。老师布置作业也很随意,一般除了必修课须考试外,一学期就一篇读书报告、一篇论文即可。好心的老师还会说一句,开学前交到邮箱就可以,反正他们会录成绩。有时候学生犯懒,集体跟老师磨磨,居然可以减为一篇作业。考试呢,也不用特别担心。有的同学整学期神龙见首不见尾,考前找坐在前排的同学复印一下笔记,总能顺利过关。那考题看起来,跟老北大风格并无两样,几道名词解释、两三道论述,答卷便是几张白纸,能写的呼啦啦写了四五张纸,有些潇洒的学生早早出门交卷,最后的成绩呢? 呵,还真不好说。有一次一位老师认真解释过他的评卷方式,他会把全班学生答卷从高到低排列一下,然后对应给出分数等级,不过分数嘛,大家不必太放在心上。结果大家确实也没有很在意,课堂上虽未必出现他们的身影,但私下里,却可能是个勤奋的书虫,考试时候还自有一番高见。一般文科老师对于学生与自己观点相左并不介怀,常说的一句话便是:言之成理,持之有据即可。

虽然经历的是这样"放养"的模式,回忆起来,大学收获却也不少。有些来自课堂上,有些来自与师长的闲聊,有些来自听的各种讲座,甚至是随手翻过的书,这种空气对学生或许也是一种很好的滋养。同学中有人早早定下志向,毕业从商,也做得风生水起。有人进来后发现另有所爱,经过一番折腾转系,也找到了努力方向。而这份宽容,可能构成了北大和北大人的一种特质。

有人说,大学是有独特气质的。是的,就如今天比邻而居的北大和清华两所学校,它们的学生总是带有各自不同的强烈的气质。这或许源于学科训练的差异,也或许是学校传统的延续。读前辈学生的回忆,仿佛感受到那种学校精神气息的一脉相承。本书便是这样一个尝试,试图展示过去大学校园生活衣食住行的冰山一角,叙述一些学生时代校园文化的有趣片段,给关注近代高等教育事业发展,或是关注近代人物的读者一个小小参考。不过限于笔者所见资料有限,其中难免有不完备、不准确之处，也欢迎大家给予补充指正。

感谢澎湃新闻、清华校友通讯、清华校史馆等机构的编辑老师，本书中一些章节已经在网络上分享，书中篇章可能略有增补。

是为记。